Sir Arthur Conan Doyle

Ausgewählte Werke ~ Band 32

Der Silberspiegel

Sir Arthur Conan Doyle

Der Silberspiegel

ERZÄHLUNGEN

HERAUSGEGEBEN VON OLAF R. SPITTEL

VERLAG 28 EICHEN
BARNSTORF

Übersetzung aus dem Englischen
von Nadine Erler.

Die Deutsche Bibliothek verzeichnet diese Publikation
in der Deutschen Nationalbibliographie.
Detaillierte bibliographische Daten sind im Internet über
http://dnb.ddb.de abrufbar

ISBN 978-3-940597-44-1

Cover unter Verwendung eines Stahlstiches aus
Spamers Illustrirtes Konversations-Lexikon, Leipzig 1893

Schattenriß auf Seite 2 aus: Bernhard Fehr: Die englische Literatur des 19. und 20. Jahrhunderts. Akademische Verlagsgesellschaft Athenaion, Berlin-Neubabelsberg 1923 nach: Bookman 1912

Inhalt

Vorwort 7

Die letzte Galeere 9

Ein Bilderstürmer 20

Der Riese Maximinus 30

Der Tag des Zorns 50

Die letzte Legion 64

Die erste Fracht 73

Die Heimkehr 83

Der rote Stern 100

Der Silberspiegel 112

Lord Falconbridge 125

Aus dem Rennen 157

De Profundis 176

Eine Begegnung 189

Der Zenturio 198

Quellen und Originaltitel 205

Vorwort

Ich habe diesen Band „Eindrücke und Erzählungen“ genannt, weil er zwei Stilrichtungen enthält.

Die zweite Hälfte der Sammlung besteht aus acht Geschichten, die für sich sprechen.

Die erste Hälfte umfaßt eine Reihe von Bildern aus der Vergangenheit und kann als Meilenstein auf dem Weg zu einem höheren Ideal, das mir seit langem vorschwebt, betrachtet werden. Ich hatte das Gefühl, daß zwischen historischen Romanen und der wirklichen Geschichte ein unbekanntes Land liegt, das nie richtig erforscht wurde. Ich stelle mir ein Werk vor, das in einer bedeutenden Epoche spielt, bei dem der Leser jedoch nicht vom Schicksal der Figuren – also ihren Abenteuern und Liebesgeschichten – gefesselt ist, sondern von den historischen Ereignissen selbst fasziniert wird. Der Autor darf diese Tatsachen nach Belieben ausschmücken und Figuren und Gespräche erfinden, aber dennoch sollte die historische Wirklichkeit und nicht die Fiktion den Leser in ihren Bann ziehen. Ich war ein paarmal versucht, ein größeres Werk in diesem Stil zu verfassen. Bis es soweit ist, sollen diese Kurzgeschichten, die entscheidende Momente in der Geschichte der Menschheit schildern, als erste Schritte in diese Richtung betrachtet werden.

Arthur Conan Doyle
Windlesham, Crowborough, April, 1911

Die letzte Galeere

Mutato nomine, de te, Britannia, fabula narratur.[1]

Es war ein Morgen im Frühling, hundertsechsundvierzig Jahre vor Christi Geburt. Die Küste von Nordafrika mit ihrem breiten Saum aus goldenem Sand, ihrem grünen Gürtel von Palmen und unfruchtbaren Hügeln mit roten Klippen im Hintergrund, schimmerte wie ein Traumland in dem alabasterweißen Licht.

Abgesehen von ein paar kleinen schneeweißen Schaumkronen war das Mittelmeer blau und ruhig, soweit das Auge reichte. In dieser riesigen Weite sah man nur eine einzige Galeere, die langsam aus Richtung Sizilien auf den fernen Hafen von Karthago zusegelte. Aus der Ferne betrachtet, war es ein stattliches und schönes Schiff von tiefroter Farbe, mit scharlachroten Rudern, einem breiten, flatternden purpurfarbenen Segel und einer Reling, an der Verzierungen aus Messing glänzte. Ein funkelnder, dreizackiger Rammsporn ragte aus dem Bug hervor, und eine hohe goldene Statue von Baal, dem Gott der Phönizier, der Kinder Kanaans, glänzte am Heck. An dem einzigen hohen Mast über dem gewaltigen Segel flatterte die gestreifte Flagge von Karthago. Wie ein majestätischer roter Vogel mit goldenem Schnabel und purpurnen Flügeln glitt sie über die Wasseroberfläche – von der fernen Küste aus gesehen, eine Verkörperung von Macht und Schönheit.

1 Mutato nomine de te fabula narratur – Die Rede ist von dir, [hier: Britannien], nur der Name wurde verändert. Horatius, Saturae I,1.

Aber sieh dir das Schiff aus der Nähe an! Was sind das für dunkle Streifen, die das weiße Deck verschandeln und ihre glänzenden Schilde beflecken? Warum bewegen sich die langen roten Ruder nicht im Takt, sondern unregelmäßig und ruckartig? Warum fehlen einige in den glotzenden Bullaugen, warum sind einige abgebrochen und zersplittert und schlagen gegen die Seite des Schiffs wie abgeknickte Äste im Wind? Warum sind zwei Zinken des blitzenden Rammsporns verbogen und gebrochen? Sogar die hohe Baal-Statue hat Blessuren! Allem Anschein nach hat das Schiff ein schweres Wetter hinter sich, einen Tag des Schreckens, der tiefe Spuren hinterlassen hat.

Und nun stell dich auf das Deck und sieh dir die Besatzung genauer an! Es gibt zwei Vorder- und zwei Hinterdecks, und in der offenen Mitte zwei Reihen mit Sitzen, oben und unten, auf denen die Ruderer, jeweils zwei an einem Riemen, sich bei ihrer endlosen Arbeit vor- und zurückbeugen. In der Mitte befindet sich eine schmale Plattform, auf der eine Phalanx von Wärtern marschiert, die Peitschen schwingen und grausam auf jeden Sklaven einschlagen, der innehält, und sei es nur für einen Moment, um sich den Schweiß von seiner tropfenden Stirn zu wischen. Aber diese Sklaven – sieh sie dir an! Einige sind gefangene Römer, einige Sizilianer, viele schwarze Libyer, aber alle sind am Ende ihrer Kräfte. Ihre müden Augen fallen zu, ihre Lippen sind geschwollen, schwarz verkrustet und rosa von blutigem Schaum, ihre Arme und Rücken bewegen sich mechanisch zu dem heiseren Singsang des Aufsehers. Von Weiß bis Schwarz sind alle Hautfarben vertreten, die Körper nackt bis zur Hüfte, und auf allen glänzenden Rücken sieht man die Striemen, die die Schläge wütender Wächter hinterlassen haben.

Aber das Blut, das die Sitze und das Salzwasser unter ihren gefesselten Füßen rot färbt, ist nicht von ihnen. Große klaffende Wunden, die Spuren von Schwerthieben und Speerstichen, leuchten feuerrot auf ihren nackten Brüsten und Schultern, während viele zusammengesunken und bewußtlos auf den Bänken liegen und sich nicht mehr um die Peitschenschläge kümmern, die noch immer über ihnen durch die Luft sausen. Jetzt wissen wir, warum die Öffnungen für die Riemen leer und die Ruder herrenlos sind.

Die Besatzung war in keiner besseren Verfassung als ihre Sklaven. Das Deck war übersät mit verwundeten und sterbenden Männern. Nur ein kleiner Rest war noch auf den Beinen. Die meisten lagen erschöpft auf dem Vordeck, während einige der zäheren ihre zerschmetterten Waffen flickten, ihre Bogen neu bespannten oder das Deck von den Spuren der Schlacht reinigten. Auf einer erhöhten Plattform am Fuß des Mastes stand der Steuermann, der den Kurs des Schiffs bestimmte, den Blick unverwandt auf den entfernten Punkt Megara gerichtet, hinter dem die östliche Seite der Bucht von Karthago lag. Auf dem Hinterdeck hatte sich eine Gruppe von Offizieren versammelt, die stumm vor sich hin brüteten und von Zeit zu Zeit zu zwei Leuten ihres Ranges hinübersahen, die abseits standen und in ein Gespräch vertieft waren. Der eine – groß, dunkelhäutig und drahtig, mit klaren, semitischen Gesichtszügen und den Gliedmaßen eines Riesen – war Magro, der berühmte karthagische Kapitän, dessen Name noch an allen Küsten von Gallien bis zum Schwarzen Meer gefürchtet war. Der andere, ein weißbärtiger Mann mit dunklem Teint, dessen Adlergesicht unbezähmbaren Mut und Energie ausdrückte, war Gisco, der Politiker, ein Mann aus höchster punischer Familie, ein Magistrat der Purpurrobe und das Oberhaupt der Partei im Staat, die die Augen offengehalten hatte. Sie hatte ihre Landsleute aus ihrer Selbstsucht und Trägheit aufgerüttelt und die ständig wachsende Gefahr, die von Rom ausging, ins öffentliche Bewußtsein gerufen. Während sie sich unterhielten, blickten die beiden Männer dic ganze Zeit mit ernsten, besorgten Mienen auf den Horizont im Norden.

„Es ist sicher“, sagte der ältere Mann, und seine Stimme war genauso düster wie sein ganzes Gebaren, „daß niemand außer uns entkommen ist.“

„Ich habe das Chaos der Schlacht nicht verlassen, solange ein Schiff da war, das ich unterstützen konnte“, antwortete Magro. „Es hat sich ergeben, daß wir davongekommen sind, wie du siehst, wie ein Wolf, der an jeder Seite einen festgebissenen Jagdhund mitschleift. Die römischen Hunde können es beweisen, indem sie die Wolfsbisse zeigen. Wenn eine Galeere klar gewonnen hätte, wären sie jetzt bestimmt bei uns, denn sie haben keinen sicheren Platz außer Karthago.“

Der jüngere Krieger starrte angestrengt auf den fernen Punkt, der seine Heimatstadt war. Schon war der niedrige, bewaldete Hügel mit den weißen Villen der reichen phönizischen Kaufleute zu sehen. Über ihnen funkelte als glänzender Punkt vor dem blaßblauen Morgenhimmel das goldene Dach der Zitadelle von Byrsa, das die Stadt am Abhang des Hügels überragte.

„Sie können uns schon von den Wachttürmen aus sehen“, bemerkte er. „Vielleicht erkennen sie sogar aus der Ferne die Galeere des Schwarzen Magro. Aber wer von ihnen wird auf die Idee kommen, daß von der großartigen Flotte, die vor nur einem knappen Monat beim Klang von Pauken und Trompeten ausgelaufen ist, nur noch wir übrig sind?“

Der Patrizier lächelte bitter. „Wären nicht unsere großen Vorfahren und unser geliebtes Land, die Königin der Meere“, sagte er, „wäre ich beinahe froh über die Zerstörung, die diese eitle und verweichlichte Generation heimgesucht hat. Du hast dein Leben auf See verbracht, Magro. Du weißt nicht, wie es bei uns an Land war. Aber ich habe das Krebsgeschwür wachsen sehen, das jetzt unser Tod ist. Ich und andere sind auf den Marktplatz gegangen, um die Leute zur Vernunft zu bringen, und sind zum Dank für unsere Mühe mit Schmutz beworfen haben. Oft habe ich auf Rom hingewiesen und gesagt: ‚Nehmt euch in Acht vor diesem Volk, das auch Waffen trägt, und zwar jeder einzelne aus Pflichtgefühl und Stolz. Wie könnt ihr, die ihr euch hinter Kaufleuten verschanzt, hoffen, mit ihnen fertigzuwerden?' Hundertmal habe ich das gesagt."

„Und sie haben nicht geantwortet?" fragte der Seeräuber.

„Rom war ja weit weg, und da sie es nicht sehen konnten, war es ihnen egal", antwortete der alte Mann. „Einige dachten an Handel, andere an Wahlen, und wieder andere an Gewinne des Staates, aber keiner wollte sehen, daß das Staatsschiff selbst, die Mutter aller Dinge, schon dabei war, unterzugehen. Ebensogut könnten Bienen darüber diskutieren, wer Wachs oder Honig bekommen soll, wenn das Feuer brennt, das den Bienenstock und alle seine Bewohner in Asche verwandeln würde. ‚Sind wir nicht die Herren der Meere?', ‚War Hannibal nicht ein großer Mann?' Das haben sie gerufen, weil sie in der Vergangenheit leben und blind für die Zukunft sind. Bevor die Sonne untergeht, werden sie sich die Haare raufen und die Kleider zerreißen, aber was soll uns das bringen?"

„Es ist irgendwie ein trauriger Trost", sagte Magro, „zu wissen, daß Rom das, was es hat, nicht behalten wird."

„Warum sagst du das? Während wir untergehen, ist Rom eine Weltmacht!"

„Für eine Weile – nur für eine Weile", antwortete Magro ernst. „Trotzdem wirst du vielleicht lächeln, wenn ich dir erzähle, woher ich das weiß. Auf der Zinn-Insel[2] lebte eine weise Frau direkt am Meer, und aus ihrem Mund habe ich viele Prophezeiungen gehört – und alle sind eingetroffen. Den Sturz unseres Landes und sogar die

2 Eine sagenhafte Inselgruppe vor der Küste Englands, auch Kassiteriden genannt.

Schlacht, von der wir gerade heimkehren, hat sie mir genau beschrieben. Diese wilden Völker westlich der Zinn-Insel haben viele merkwürdige Überlieferungen."

„Was hat sie über Rom gesagt?"

„Daß es auch stürzen werde, ebenso wie wir, geschwächt durch Reichtum und Klüngel."

Gisco rieb sich die Hände. „Das mildert die Bitterkeit unseres Sturzes etwas", sagte er. „Aber da wir gestürzt sind und Rom auch stürzen wird – wer darf seinerseits hoffen, Königin der Meere zu werden?"

„Danach habe ich sie auch gefragt", sagte Magro, „und ihr meinen Purpurgürtel mit der goldenen Schnalle als Lohn für ihre Antwort gegeben habe. Aber das war wirklich eine zu hohe Bezahlung für die Geschichte, die sie mir aufgetischt hat, denn die kann nicht stimmen, auch wenn alles andere wahr ist, das sie erzählt hat. Sie behauptete, daß in absehbarer Zeit ihr eigenes Land – diese neblige Insel, auf der Wilde mit Kriegsbemalung kaum mit einem Weidenboot von hier nach da rudern können – schließlich den letzten Dreizack ergreifen werden, den Karthago und Rom fallenließen."

Das Lächeln, das über die markanten Gesichtszüge des alten Patriziers huschte, erstarb plötzlich, und seine Finger umklammerten das Handgelenk seines Freundes. Der andere saß kerzengerade da, den Kopf nach vorn gereckt und die Adleraugen auf den nördlichen Himmel gerichtet. Am blauen Horizont erschienen zwei schwarze Punkte.

„Galeeren!" flüsterte Gisco.

Die ganze Besatzung hatte sie gesehen. Sie erschienen scharenweise an den Bollwerken des Steuerbords, zeigten in Richtung Horizont und diskutierten lebhaft. Für einen Moment war die Niederlage vergessen, und ein freudiges Gemurmel erhob sich unter den Gruppen, als sie dachten, daß sie nicht allein seien – daß noch andere dem Gemetzel entkommen wären.

„Beim Geiste Baals!“ sagte der schwarze Magro. „Ich hätte nicht gedacht, daß noch mehr Schiffe heil aus dem Getümmel herauskommen. Ist das vielleicht der junge Hamilkar aus Afrika? Oder ist es Beneva in dem blauen syrischen Schiff? Wir drei könnten zusammen mit anderen ein Geschwader bilden und uns gegen sie verteidigen. Wenn wir Kurs halten, werden sie sich uns anschließen, bevor wir die Hafenmole umsegeln.“

Langsam segelte die beschädigte Galeere weiter, und die beiden neu aufgetauchten Schiffe näherten sich in schnellerem Tempo. Nur ein paar Meilen entfernt lagen der grüne Hügel und die weißen Häuser am Rand der großen afrikanischen Stadt. Schon war an Land eine Gruppe von wartenden Stadtbewohnern zu erkennen. Gisco und Magro starrten noch mit gerunzelter Stirn auf die näherkommenden Galeeren, als der braune libysche Bootsmann mit blitzend weißen Zähnen und funkelnden Augen auf das Achterdeck stürzte und mit seinem langen dünnen Arm in Richtung Norden zeigte.

„Römer!“ schrie er. „Römer!“

Über das große Schiff legte sich Totenstille. Nur das Rauschen des Meeres und die eintönigen Ruderschläge waren zu hören.

„Bei den Hörnern von Gottes Altar, ich glaube, der Kerl hat recht!“ rief der alte Gisco. „Seht nur, sie segeln auf uns zu wie die Falken! Mit voller Besatzung und allen Rudern im Einsatz!“

„Einfaches Holz, unbemalt“, sagte Magro. „Sieh nur, wie das Gelb aufleuchtet, wenn die Sonnenstrahlen darauf fallen.“

„Und das Ding da unter dem Mast – ist das nicht die berüchtigte Planke, die sie zum Entern benutzen?“

„Also gönnen sie uns nicht einmal eine“, sagte Magro mit einem bitteren Lachen. „Keine einzige Galeere soll zur Wiege der Seefahrt zurückkehren. Nun ja, was mich betrifft, habe ich eigentlich nichts dagegen. Mir ist danach, die Ruder einholen zu lassen und auf sie zu warten."

„Das ist nicht völlig abwegig", antwortete der alte Gisco, „aber die Stadt braucht uns in der nächsten Zeit. Was bringt es uns, den Sieg der Römer perfekt zu machen? Nein, Magro, laß die Sklaven rudern wie noch nie, nicht für unsere eigene Sicherheit, sondern zum Wohl des Staates."

Also kämpfte sich das große rote Schiff vorwärts wie ein erschöpfter Hirsch, der Zuflucht vor seinen Jägern sucht, während die beiden schmalen feindlichen Galeeren aus dem Norden das Tempo beschleunigten und noch näher kamen. Schon fielen die Strahlen der Morgensonne auf die Reihen der Römerhelme über der Reling und glänzten auf den silbernen Schaumkronen, die von den heftigen Ruderschlägen auf dem stillen blauen Waser aufgewirbelt wurden. Die Schiffe waren schon fast in Reichweite, und der schrille, durchdringende Klang der römischen Trompeten dröhnte der Besatzung in den Ohren.

Auf den hohen Klippen von Megara hatte sich eine große Menge von Einwohnern Karthagos versammelt, die ans Meer geeilt waren, als sie hörten, daß die Galeeren in Sicht seien. Da standen sie nun, Arm und Reich, kraftlos und plebejisch, hellhäutige Phönizier und dunkle Kabylen, und verfolgten mit atemloser Spannung das Schauspiel, das sich ihnen bot.

Ein paar hundert Fuß unter ihnen war die punische Galeere so nahegekommen, daß sie mit bloßem Auge die Spuren der Schlacht sehen konnten, die eine traurige Geschichte erzählten. Die Römer kamen auch so schnell näher, daß ihr Schiff vor ihren Augen geentert werden würde, und obwohl sie so viele waren, konnten sie keinen Finger rühren, um ihr Schiff zu verteidigen. Einige weinten in ohnmächtigem Zorn, andere fluchten mit geballten Fäusten und funkelnden Augen, wieder andere lagen auf den Knien und hoben die Hände in flehentlichem Gebet zu Baal, aber weder Gebet noch Tränen oder Flüche konnten die Vergangenheit ungeschehen machen oder die Gegenwart ändern. Diese angeschlagene, dahintreibende Galeere bedeutete, daß ihre Flotte vernichtet worden war. Diese beiden pfeilschnellen gefährlichen Schiffe verkündeten, daß Rom ihnen bereits im Nacken saß. Es würden immer mehr Schiffe kommen, die unzähligen, gut ausgebildeten Feinde aus der großen Republik, die schon lange die Herrin zu Land und nun auch zu Wasser war. In ein bis zwei oder höchstens drei Monaten würde die Armee da sein. Und was konnten all die unvorbereiteten Massen Karthagos tun, um sie aufzuhalten?

„Nein!“ schrie jemand, hoffnungsvoller als der Rest, „wir sind doch tapfere Männer mit Waffen in den Händen!“

„Dummkopf!“ sagte ein anderer, „hat uns nicht solches Gerede in den Ruin getrieben? Was ist ein tapferer ausgebildeter Mann im Vergleich zu einem tapferen untrainierten Mann? Wenn du dich dem Ansturm einer römischen Legion gegenübersiehst, erkennst du den Unterschied vielleicht!“

„Dann laßt uns Kämpfer ausbilden!“

„Zu spät! Es braucht ein ganzes Jahr, um aus einem Mann einen Soldaten zu machen. Wo wirst du – wo wird unsere Stadt in einem Jahr sein? Nein, wir haben nur eine Chance. Wenn wir unseren Handel und unsere Kolonien aufgeben, wenn wir alles ablegen, das uns groß gemacht hat, dann wird der römische Eroberer vielleicht einhalten.“

Und schon näherte sich vor ihnen die letzte Seeschlacht von Karthago ihrem raschen Ende. Vor ihren Augen schossen zwei römische Galeeren von links und rechts auf das Schiff des schwarzen Magro zu. Sie hatten mit ihm gekämpft, und er hatte in seiner Verzweiflung die Anker mit ihren Widerhaken über ihre Dollborde geworfen und sie so mit eisernen Ketten an sich gefesselt. Nun hieb er mit Hammer und Brecheisen große Löcher in die Seiten seines eigenen Schiffes. Die letzte punische Galeere sollte nicht nach Ostia gerudert und dort den Müßiggängern von Rom zur Schau gestellt werden. Sie sollte ihre letzte Ruhe in heimatlichen Gewässern finden. Und ihr Kapitän mit seinem fanatischen, düsteren Gemüt brannte vor Eifer bei dem Gedanken, daß sie nicht allein in die Tiefen der See sinken sollte.

Zu spät wurde den Römern klar, mit was für einem Mann sie es zu tun hatten. Die Seeleute, die das punische Deck gestürmt hatten, merkten, wie sie den Boden unter den Füßen verloren. Hals über Kopf eilten sie auf ihre eigenen Schiffe zurück, doch auch die wurden vom tödlichen Sog der großen roten Galeere in die Tiefe gezogen.

Steil und immer steiler ragen die Decks in die Höhe. Jetzt ist das Deck von Magros Schiff vom Wasser überflutet, und die angeketteten Römer werden nach unten gezogen, eine Reling in den Wellen, die andere ragt hoch in die Luft. Panisch versuchen sie, dem tödlichen Sog der Galeere zu entkommen. Sie ist jetzt gesunken und reißt die schwereren römischen Schiffe mit sich, die noch schneller untergehen. Es ertönt ein gewaltiges Krachen. Das Schiff bricht auseinander, und die eine Hälfte richtet sich auf und treibt als Wrackteil hilflos auf dem Wasser. Aber ein letztes gelbes Schimmern in dem blauen Wasser zeigt, wo ihre andere Hälfte durch die tödliche eiserne Umklammerung ihre Feinde in den Untergang gerissen hat. Karthagos Flagge mit ihren Tigerstreifen ist unter der schäumenden Wasseroberfläche verschwunden und wird nie mehr auf See gesehen werden.

Denn in diesem Jahr hing eine große Wolke siebzehn Tage lang über der afrikanischen Küste, eine tiefschwarze Wolke, die von der brennenden Stadt aufstieg. Und als die siebzehn Tage um waren, ließen die Römer die schwarze

Asche bis zum letzten Winkel umpflügen, und es wurde Salz gestreut zum Zeichen, daß es Karthago nicht mehr gab. Und weit entfernt stand ein Haufen nackter, ausgehungerter Leute auf den Bergen und schauten auf die verwüstete Ebene hinunter, die einmal der schönste und reichste Flecken Erde gewesen war. Und sie verstanden zu spät das himmlische Gesetz, nach dem die Welt dem Tüchtigen gehört, dem, der sich aufopfert, während derjenige, der sich vor den Pflichten des Mannes drückt, bald den Stolz, den Reichtum und die Macht verliert, die der Lohn der Mannhaftigkeit sind.

Ein Bilderstürmer

Es war Tagesanbruch an einem Märzmorgen im Jahre 92 nach Christus. Auf der langen Semita Alta herrschte bereits Hochbetrieb; Käufer und Händler, Besucher und Flaneure, denn die Römer waren solche Frühaufsteher, daß viele Patrizier ihre Klienten schon morgens um sechs empfingen. Das war eine gute republikanische Tradition, an der die Konservativen noch festhielten, aber es waren neue, luxuriöse Gewohnheiten hinzugekommen, und so war eine Nacht mit Vergnügungen und Gelagen nichts Unübliches. Wer sich an die neuen Sitten gewöhnt hatte und dennoch die alten beibehielt, kam leicht in die Lage, daß sich seine Termine überschnitten. Dann begann er nach einer durchfeierten Nacht, ohne auch nur ein Auge zugemacht zu haben, sofort einen Tag voller Geschäfte und widmete sich schwerfällig und mit Kopfschmerzen den formalen Pflichten, die das Leben eines römischen Edelmannes ausfüllten.

So ging es Emilius Flaccus an diesem Märzmorgen. Er und sein Senatorenkollege Caius Balbus hatten die Nacht auf einem der düsteren Trinkgelage verbracht, zu denen Kaiser Domitian seine auserwählten Freunde in den Palast auf dem Palatinum einlud.

Nun hatten sie das Portal von Flaccus' Haus erreicht und standen unter dem Portikus, der vom Laub des Granatapfelbaums überwuchert war und sich vor dem Peristyl befand. Sie vertrauten aus Erfahrung auf die Diskretion des jeweils anderen und trösteten sich mit sehr freimütiger Kritik über die lange erzwungene Zurückhaltung auf dem trübseligen Fest hinweg.

„Wenn er nur seine Gäste richtig bewirten würde“, sagte Balbus, ein kleiner, rotgesichtiger, aufbrausender Edelmann. Seine gelbstichigen Augen blickten zornig. „Was wurde uns vorgesetzt? Bei meinem Leben, ich habe es vergessen. Regenpfeifereier, ein Fischeintopf, irgendein Vogel und dann seine ewigen Äpfel.“

„Und davon“, sagte Flaccus, „hat er nur die Äpfel gegessen. Laß ihm Gerechtigkeit widerfahren und gib zu, daß er noch weniger nimmt, als er gibt. Immerhin kann man von ihm nicht das sagen, was man von Vitellius gesagt hat – daß seine Freßgier das Imperium an den Bettelstab bringen würde.“

„Nein, und sein Durst auch nicht, so groß er auch ist. Dieser feurige sabinische Wein ist für ein paar Sesterzen pro Amphore zu haben. Er ist das übliche Getränk, das die Leute mit ihren Handwagen an jedem Weinstand an den Landstraßen bekommen. Ich habe nach einem Glas meines eigenen vollmundigen Falerners oder des lieblichen Coan gelechzt! Der Coan wurde in dem Jahr abgefüllt, in dem Titus Jerusalem erobert hat. Ist es nun zu spät? Können wir nicht den Nachgeschmack dieses scheußlichen Gesöffs von unseren Zungen spülen?“

„Nein, komm lieber mit mir ins Haus und nimm einen Schluck bittere Medizin, bevor du gehst. Mein griechischer Arzt Stephanos hat ein einmaliges Mittel gegen einen Kater. Ach, dein Klient erwartet dich? Nun, dann sehen wir uns später im Senat.“

Der Patrizier hatte sein Atrium betreten, in dem farbenprächtige exotische Blumen leuchteten und seltene Vögel ihre Melodien sangen. Hinten in der Halle stand Lebs, der kleine nubische Sklave in einer schneeweißen Tunika und einem Turban, eine Platte mit Gläsern in einer Hand und eine Flasche mit einer dünnen, zitronenfarbenen Flüssigkeit in der anderen. Der Hausherr füllte ein Glas mit bitterer aromatischer Medizin bis zum Rand und wollte gerade davon trinken, als die plötzliche Empfindung, daß etwas in seinem Haus nicht stimmte, ihn innehalten ließ. Es war überall zu erkennen – an dem erschrockenen Blick des schwarzen Jungen, an der aufgeregten Miene des Aufsehers für das Atrium und an dem betretenen Schweigen der kleinen Gruppe von *ordinarii*, die sich hinter dem Prokurator oder Majordomus versammelt hatten, um ihren Herrn zu begrüßen. Stephanos, der Arzt, Cleios, der Vorleser aus Alexandrien und Promus, der Hausmeister, wandten den Kopf ab, um dem inquisitorischen Blick seines Herrn auszuweichen.

„Was in Plutos Namen ist mit euch allen los?" rief der entgeisterte Senator, denn die alkoholgeschwängerte Nacht hatte ihn nicht geduldiger gemacht. „Warum steht ihr herum und brütet vor euch hin? Stephanos, Vacculus – stimmt etwas nicht? Promus, du bist der Vorstand meines Haushalts. Was ist also passiert? Warum könnt ihr mich nicht ansehen?"

Der untersetzte Majordomus, dessen rundes Gesicht vor Besorgnis zerfurcht war, legte die Hand auf den Arm des Dieners neben ihm.

„Sergius ist für das Atrium verantwortlich, gnädiger Herr. Es ist seine Sache, dir von dem schrecklichen Vorfall zu berichten, der sich während deiner Abwesenheit ereignet hat."

„Nein, Datus hat es getan. Bring ihn her und laß es ihn selber erklären!" schmollte Sergius.

Der Patrizier war mit seiner Geduld am Ende. „Raus mit der Sprache, du Bastard!" schrie er aufgebracht. „Noch eine Minute, dann lasse ich dich ins *ergastulum*[3] schaffen! Wenn du Fesseln an Händen und Füßen hast, lernst du

---

3 Arbeitshaus für Sklaven und Schuldner.

vielleicht, schneller zu gehorchen! Sprich, sage ich, und zwar sofort."

„Die Venus", stammelte der Mann, „die griechische Venus von Praxiteles."

Der Senator stieß einen Schrei des Entsetzens aus und stürzte in die Ecke des Atriums. Dort verwahrte er in einem kleinen Schrein, verborgen hinter einem seidenen Vorhang, die kostbare Statue, den größten Schatz seiner Sammlung – vielleicht der ganzen Welt. Er riß die Vorhänge beiseite und stand sprachlos vor Zorn vor der beleidigten Göttin. Die rote Duftlampe, die vor ihr gestanden und ständig gebrannt hatte, war ausgekippt worden und zertrümmert, das Altarfeuer war erstickt und ihr Blumenkranz achtlos beiseitegeworfen worden. Aber was schlimmer war als alles andere – ein unerträgliches Sakrileg: Ihr schöner nackter Körper aus schimmerndem pantelischem Marmor, weiß und schön wie vor fünfhundert Jahren, als der geniale Grieche sie gemeißelt hatte, war brutal verstümmelt worden. Drei Finger der huldvoll ausgestreckten Hand waren abgehackt worden und lagen auf dem Sockel neben ihr. Über ihrer zarten Brust wies der Marmor eine dunkle Schramme auf, die von einem Schlag stammte. Emilius Flaccus, der feinsinnigste und sachverständigste Kunstliebhaber von ganz Rom, griff sich an die Kehle und rang keuchend nach Luft, als er sein demoliertes Kunstwerk anstarrte. Dann fuhr er mit wutverzerrtem Gesicht zu seinen Sklaven herum, doch zu seinem Erstaunen sahen sie nicht ihn an, sondern hatten sich alle in einer Haltung tiefer Ehrerbietung der Öffnung des Peristyl zugewandt. Als er sich umschaute und sah, wer soeben sein Haus betreten hatte, verrauchte sein Zorn sofort, und er tat es seinen Dienern nach.

Der Ankömmling war ein Mann von dreiundvierzig Jahren, glatt rasiert, mit einem mächtigen Schädel, großen hervortretenden Augen, einer kleinen scharfgeschnittenen

Nase und dem Stiernacken, der das besondere Kennzeichen seiner Familie war. Er war durch das Peristyl hereinstolziert wie jemand, der auf seinem eigenen Grund und Boden unterwegs ist, und jetzt stand er da, die Hände in die Seiten gestützt, und sah zuerst die Sklaven, die sich verbeugten, und dann ihren Herrn an. Sein derbes rotes Gesicht zeigte einen beinahe belustigten Ausdruck.

„Also, Emilius", sagte er, „ich war der Meinung, du hättest den am besten sortierten Haushalt in Rom. Was fehlt dir heute morgen?"

„Uns kann nichts fehlen, jetzt, da Cäsar geruht hat, mein Haus zu betreten", sagte der Höfling. „Das ist wirklich eine sehr freudige Überraschung, die du mir da bereitet hast."

„Es war ein nachträglicher Einfall", sagte Domitian. „Nachdem du und die anderen gegangen wart, war mir noch nicht nach Schlafen zumute, und da hatte ich die Idee, ein bißchen frische Morgenluft zu schnappen und bei dir vorbeizuschauen, um die griechische Venus zu sehen, von der du beim Umtrunk so geschwärmt hast. Aber wenn ich dich und deine Diener so ansehe, scheint mir, daß mein Besuch ungelegen kommt."

„Nein, gnädiger Herr, sage das nicht. Allerdings hatte ich in dem Moment, als du hereinkamst, tatsächlich Ärger, und dabei ging es, wie das Schicksal so spielt, ausgerechnet um die Statue, an der du freundlicherweise Interesse gezeigt hast. Da steht sie, und du siehst selbst, wie brutal sie mißhandelt wurde."

„Bei Pluto und allen niedrigeren Göttern, wenn es meine wäre, würde ich ein paar von euch an die Neunaugen verfüttern", sagte der Kaiser und musterte die Sklaven, die unter seinem drohenden Blick in sich zusammenschrumpften. „Du warst immer viel zu milde, Emilius. Die Spatzen pfeifen es von den Dächern, daß deine Ketten verrostet sind, weil sie nie benutzt werden. Aber das hier schlägt dem Faß den Boden aus! Zeig mir, wie du diese Sache handhabst. Wer ist deiner Meinung nach verantwortlich?“

„Der Sklave Sergius, denn es ist seine Aufgabe, das Atrium in Ordnung zu halten“, sagte Flaccus. „Tritt vor, Sergius. Was hast du zu sagen?“

Der Sklave kam zitternd auf seinen Herrn zu. „Bitte, Herr, Datus, der Christ, hat diese Untat begangen.“

„Datus? Wer ist das?“

„Der *matulator*[4] und Straßenkehrer, gnädiger Herr. Ich wußte nicht, daß er zu diesen schrecklichen Leuten gehört, sonst hätte ich ihn nicht an die Statue herangelassen. Er kam mit seinem Besen, um den Dreck der Vögel wegzufegen. Sein Blick fiel auf die Venus, und ehe ich mich’s versah, hatte er sich auf sie gestürzt und ihr mit seinem Holzbesen zwei Hiebe versetzt. Dann überwältigten wir ihn und zerrten ihn weg. Aber ach! Es war zu spät – der Taugenichts hatte der Göttin schon die Finger abgehackt.“

Der Kaiser lächelte grimmig, während das schmale Gesicht des Patriziers vor Zorn blaß wurde.

„Wo ist der Kerl?“ fragte er.

„Im *ergastulum*, mit der Furca auf den Schultern!“

„Bringt ihn her und ruft alle Hausbewohner zusammen.“

Ein paar Minuten später war die bunte Truppe, die für den Haushalt eines großen römischen Edelmannes zuständig war, im hinteren Teil des Atriums versammelt: Der *arcarius* oder Buchhalter mit seinem Griffel hinter dem Ohr, der geschniegelte *praegustator,* der alle Speisen vorkostete und für seinen Herrn der Schutzschild gegen Gift war, neben ihm sein Vorgänger, der seit einem Schluck Stechapfelgift aus Canidia vor zwanzig Jahren geistig umnachtet war, der Kellermeister, den man von seinen Amphoren weggerufen hatte; der Koch mit seinem Rühr-

4 Der Ausleerer der Nachtöpfe.

löffel in der Hand; der wichtigtuerische *nomenclator*, der die Gäste hereinführte; der *cubicularius*, der für ihre Unterbringung zuständig war; der *silentiarius*, der für Ruhe und Ordnung im Haus sorgte; der *structor*, der die Tische zurechtrückte; der *carptor*, der Fleisch und Gemüse kleinschnitt; der *cinerarius,* der Feuer in den Kaminen machte – diese und noch viele andere erschienen halb neugierig und halb verängstigt, um das Tribunal über Datus zu mitanzusehen. Ihnen folgten in einer kichernden Traube Lalages, Marias, Cerusas und Amaryllides aus den Waschküchen und Spinnstuben. Sie stellten sich auf die Zehenspitzen und reckten die Hälse, so daß ihre hübschen erstaunten Gesichter über die Schultern der Männer blickten. Durch diese Menge bahnten sich zwei stämmige Diener ihren Weg; den Missetäter hatten sie in ihrer Mitte. Es war ein kleiner, dunkler, raubeiniger Mann mit zerzaustem Bart und irrem Blick, dessen Augen vor innerer Erregung glühten. Seine Hände waren auf dem Rücken gefesselt, und auf seinen Schultern lag das schwere Gabelholz, auch Furca genannt, das unbotmäßige Sklaven tragen mußten. Eine blutige Strieme auf seiner Wange zeigte, daß er das vorangegangene Handgemenge nicht unversehrt überstanden hatte.

„Bist du Datus, der Straßenkehrer?“ fragte der Patrizier.

Der Mann straffte stolz die Schultern. „Ja“, sagte er, „ich bin Datus.“

„Hast du meine Statue beschädigt?“

„Ja.“

Die Antwort des Mannes klang so furchtlos, daß man unwillkürlich Respekt vor ihm empfand. In den Zorn seines Herrn mischte sich Neugier.

„Warum hast du das getan?“ fragte er.

„Weil es meine Pflicht war.“

„Wieso war es deine Pflicht, das Eigentum deines Herrn zu zerstören?“

„Weil ich Christ bin.“ Die Augen in dem dunklen Gesicht funkelten plötzlich. „Weil es keinen Gott gibt außer dem einzigen und ewigen, und alle anderen sind Götzenbilder. Was hat diese nackte Hure mit Ihm zu tun, für den das weite Firmament nur ein Kleiderfetzen und die Erde ein Fußschemel ist? Ich habe seine Statue in seinem Dienst zerstört.“

Domitian sah den Patrizier an und grinste. „Du wirst ihn nicht umstimmen“, sagte er. „Die reden sogar so, wenn sie in der Arena den Löwen gegenüberstehen. Und was das Argumentieren betrifft, können selbst alle römischen Philosophen zusammen sie nicht festnageln. Sie weigern sich direkt vor meiner Nase, mir zu Ehren Opfer zu bringen. Wir hatten noch nie mit so unmöglichen Leuten zu tun! Ich an deiner Stelle würde kurzen Prozeß mit ihm machen.“

„Was schlägt Cäsar vor?“

„Heute nachmittag finden Spiele statt. Ich werde den neuen Jagdleoparden vorführen, den König Juba aus Numidien geschickt hat. Dieser Sklave wird uns vielleicht gute Unterhaltung bieten, wenn ihm die hungrige Bestie auf den Fersen ist.“

Der Patrizier dachte einen Moment nach. Er war immer wie ein Vater zu seinen Dienern gewesen, und der Gedanke, daß einem von ihnen etwas zustoßen könnte, war ihm zuwider. Vielleicht wäre es sogar jetzt noch möglich, diesen seltsamen Fanatiker zu verschonen, wenn er zeigte, daß er seine Tat bereute. Es war einen Versuch wert.

„Für dein Verbrechen verdienst du den Tod“, sagte er. „Welche Gründe kannst du nennen, weshalb er dich nicht ereilen sollte? Du hast diese Statue demoliert, die deinen eigenen Wert um das Hundertfache übersteigt!“

Der Sklave sah seinen Herrn an, ohne mit der Wimper zu zucken. „Ich fürchte den Tod nicht“, sagte er. „Meine Schwester Candida ist in der Arena gestorben, und ich bin bereit, dasselbe zu tun. Ich habe zwar deine Statue beschädigt, aber ich kann dir dafür etwas viel Wertvolleres geben. Ich werde dir die Wahrheit und das Evangelium als Ersatz für dein zerstörtes Götzenbild geben."

Der Kaiser lachte. „An dem beißt du dir die Zähne aus, Emilius", sagte er. „Ich kenne diese Sorte Mensch schon lange. Er ist bereit zu sterben, er sagt es ja selbst. Warum soll man ihn dann verschonen?"

Aber der Patrizier zögerte immer noch. Er würde einen letzten Versuch machen.

„Nehmt ihm die Fesseln ab", sagte er zu den Wachen. „Und die Furca auch. So! Hör zu, Datus, ich habe dir die Fesseln abnehmen lassen, um dir zu zeigen, daß ich dir vertraue. Ich werde dir nichts tun, wenn du nur deinen Fehler eingestehst und meinem Haushalt, der hier versammelt ist, ein besseres Beispiel gibst."

„Wie soll ich meinen Fehler eingestehen?" fragte der Sklave.

„Beuge das Haupt vor der Göttin und bitte sie um Verzeihung für die Brutalität, die du ihr angetan hast. Dann erlangst du vielleicht auch meine Vergebung."

„Dann bringt mich zu ihr", sagte der Christ.

Emilius Flaccus warf Domitian einen trumphierenden Blick zu. Er hatte mit Güte und Takt erreicht, was dem Kaiser mit Gewalt nicht gelungen war. Datus trat vor die lädierte Venus. Dann riß er plötzlich einem seiner Wächter den Knüppel aus der Hand, sprang auf den Sockel der Statue und schlug auf die schöne Marmorfrau ein. Mit einem Krachen und einem dumpfen Knall fiel ihr rechter Arm zu Boden. Noch ein kräftiger Schlag, und der linke folgte.

Flaccus machte einen Satz und schrie vor Entsetzen auf, während seine Diener den rasenden Bilderstürmer von seinem ungerührten Opfer wegzerrten. Domitians rohes Gelächter hallte in der Halle wider.

„So, mein Freund, was denkst du jetzt?“ rief er. „Bist du klüger als dein Kaiser? Kannst du deinen Christen wirklich mit Güte bändigen?“

Emilius Flaccus wischte sich den Schweiß von der Stirn. „Er gehört dir, großer Cäsar. Mach mit ihm, was du willst.“

„Er soll eine Stunde, bevor die Spiele beginnen, am Gladiatoreneingang des Circus sein“, sagte der Kaiser. „Nun, Emilius, es war eine feuchtfröhliche Nacht. Meine ligurische Galeere wartet am Kai. Komm, ein kleiner Ausflug nach Ostia wird dich auf andere Gedanken bringen, bevor die Staatsgeschäfte dich in den Senat rufen.“

Der Riese Maximinus

I: Maximinus' Ankunft

Die Geschichte ist häufig ein Auf und Ab. Der Große ist oft im Staub versunken und hat sich an seine neue Umgebung angepaßt. Der Kleine ist aufgestiegen, eine Weile erfolgreich gewesen und dann wieder abgestürzt. Reiche Monarchen endeten als arme Mönche, tapfere Eroberer haben ihre männliche Ehre verloren, Eunuchen und Frauen haben Armeen besiegt und Königreiche gestürzt. Wahrscheinlich kann sich der menschliche Geist keine Situation vorstellen, die noch nicht da war. Aber unter all den ungewöhnlichen Lebensläufen und unglaublichen Ereignissen sticht einer hervor, dessen Geschichte seltsamer ist als die von Karl V. in seinem Kloster oder Justinian auf seinem Thron – der Fall des Riesen Maximinus, was er erreichte und wie er es erreichte. Lassen Sie mich die nüchternen historischen Fakten schildern – mit ein paar kleinen Ausschmückungen, zu denen sich die penibleren Historiker nicht durchringen konnten. Es ist sowohl ein Tatsachenbericht als auch eine Erzählung.

Im Herzen Thrakiens, etwa zehn Meilen von den Rhodopen entfernt, liegt ein Tal namens Harpessus, benannt nach dem Strom, der es hinabfließt. Durch dieses Tal führt die wichtigste Straße von Osten nach Westen, und am fünften Juni 210 marschierte eine kleine, aber gut organisierte römische Armee diese Straße entlang. Sie kamen von einem Feldzug gegen die Alanen zurück. Die Armee bestand aus drei Legionen – den Jovianern, den Kappadokiern und den Männern des Herkules. Zehn Turmae der gallischen Kavallerie führten den Zug an, die Nachhut bestand aus einem Regiment der batavischen berittenen Garde, der Leibwache von Kaiser Septimus Severus. Er hatte den Feldzug persönlich angeführt. Die Bauern, die reihenweise auf den niedrigen Hügeln rund um das Tal herum standen, sahen die lange Reihe staubbedeckter, schwerbepackter Infanterie ohne großes Interesse vorüberziehen. Dagegen erhob sich ein freudiges Gemurmel beim Anblick der vergoldeten Brustpanzer und der blinkenden Helme mit Büschen aus Pferdehaar, die die Männer der Garde trugen. Es gab Beifall für ihre imposanten Gestalten, ihr kriegerisches Gebaren und ihre edlen schwarzen Schlachtrösser. Ein Soldat weiß wahrscheinlich, daß es die kleinen, erschöpften Männer mit ihren kurzen Schwertern, ihren schweren Speeren und den quadratischen Schilden auf dem Rücken waren, die die Feinde des Kaiserreichs in Angst und Schrecken versetzten, aber in den Augen der staunenden Thraker war es die Truppe der Apollos in schimmernder Rüstung, die Roms Siege auf ihren Fahnen trugen und den Thron des purpurgekleideten Fürsten sicherten, der vor ihnen ritt.

Unter den verstreuten Gruppen von Bauern, die diesen militärischen Aufmarsch aus respektvoller Entfernung betrachteten, befanden sich zwei Männer, die die Aufmerksamkeit der Umstehenden erregten. Der eine sah ganz alltäglich aus – ein kleiner grauhaariger Mann in zerlumpter Kleidung und gebeugter Gestalt, gezeichnet von einem langen Leben harter Arbeit, Ziegenhüten und Holzhacken in den Bergen. Es war die Erscheinung seines jungen Begleiters, die die Aufmerksamkeit der Umstehenden geweckt hatte. Er war ein Riese, wie er nur ein- oder zweimal in einer Generation vorkommt. Von seinen zerzausten Locken bis zu den Sandalen maß er acht Fuß und zwei Zoll. Trotz seines imposanten Körperbaus war er kein bißchen schwerfällig oder ungeschickt. Er hatte kein Gramm Fett an seinen breiten Schultern, und seine Gestalt war aufrecht und geschmeidig wie eine junge Weidengerte. Sein riesiger Körper steckte in einem engen abgetragenen Lederkittel, und ein zerzaustes Schaffell war lässig über seine Schulter geworfen. Seine kühnen blauen Augen, der blonde Haarschopf und die helle Haut zeigten, daß er gotischer oder nordischer Abstammung war, und der entgeisterte Ausdruck auf seinem breiten, offenen Gesicht, als er auf die vorüberziehenden Truppen starrte, verriet deutlich, daß er in irgendeinem abgelegenen Tal der makedonischen Berge ein bescheidenes und ereignisloses Leben geführt hatte.

„Ich fürchte, deine Mutter hatte recht, als sie sagte, daß wir dich zu Hause lassen sollten“, sagte der alte Mann besorgt. „Bäumefällen und Holztragen wird dir nach einem solchen Anblick sehr langweilig vorkommen!“

„Wenn ich Mutter das nächste Mal sehe, werde ich ihr eine goldene Kette um den Hals legen“, sagte der junge Riese. „Und du, Vater – ich werde deinen Lederbeutel mit Goldstücken füllen.“

Der alte Mann sah seinen Sohn erschrocken an. „Du wirst uns doch nicht verlassen, Theckla! Was sollen wir ohne dich anfangen?“

„Mein Platz ist bei den Männern dort unten, sagte der junge Mann. „Ich bin nicht dafür geschaffen, Ziegen zu hüten und Holz zu schleppen, sondern dafür, meine Kräfte an den Meistbietenden zu verkaufen. Und der Meistbietende ist die Leibgarde des Kaisers. Sag nichts, Vater, denn mein Entschluß steht fest, und auch wenn du jetzt weinst, wirst du später lachen. Ich will mit den Soldaten nach Rom!“

Die schwerbepackten römischen Legionäre marschierten täglich zwanzig Meilen, aber an diesem Nachmittag verkündeten die Trompeten schon nach der Hälfte der Strecke die gute Nachricht, daß ein Lager aufgeschlagen werden sollte. Als sich die Riegen auflösten, gaben die Dekurionen den Grund für den kurzen Marsch bekannt. Es war der Geburtstag von Geta, dem jüngeren Sohn des Kaisers, und zu seinen Ehren sollte es Spiele und reichlich Wein geben. Doch die eiserne Disziplin der römischen Armee verlangte, daß bestimmte Pflichten erfüllt wurden, und die wichtigste davon war, das Lager zu sichern. Die Soldaten legten der Reihe nach ihre Waffen nieder, griffen zu Spaten und Äxten und arbeiteten schnell und unverdrossen, bis sie von einem hohen Wall und einer klaffenden Graben umgeben waren, die ihnen eine sichere Zuflucht vor einem nächtlichen Angriff boten. Dann verteilte sich die Menge unter viel Lärm und Gelächter rund um den Rasen, auf dem die Wettkämpfe stattfinden sollten. Ein grüner Abhang führte zu einer Ebene, und auf diesem Hang machten es sich die Soldaten bequem und sahen den Wettkämpfen der ausgewählten Athleten zu. Sie streiften ihre schweren Tuniken ab, legten sich in die Sonne und streckten ihre nackten Gliedmaßen von sich. Weinbecher und Körbe mit Obst und Kuchen machten die Runde, und die Soldaten genossen die Ruhe und den Frieden so, wie es nur jemand kann, dem beides nur selten vergönnt ist.

Das Fünfmeilen-Rennen war vorbei. Gewonnen hatte wie üblich Decurion Brennus, der unschlagbare Langstreckensieger der Herkulianer. Unter dem Gebrüll der Jovianer versuchte sich Capellus aus deren Abteilung im Weit- und im Hochsprung. Der große Brebix aus Gallien hatte den großen Wachmann Serenus beim Steineweitwurf übertroffen. Als nun im Westen die Sonne unterging und den Harpessus in einen Strom aus Gold verwandelte, war es Zeit für das Finale im Ringen. Der Grieche, dessen wirklicher Name über seinem Spitznamen „Python“ in Vergessenheit geraten ist, sollte gegen den stiernackigen Lictor der Militärpolizei antreten, einen stark behaarten Herkules, dessen harte Hand schon viele der Zuschauer zu spüren bekommen hatten.

Als die beiden Männer, entkleidet bis auf den Lendenschurz, den Kampfplatz betraten, wurden sie von ihren jeweiligen Anhängern mit Jubelrufen begrüßt. Einige waren für den Lictor wegen seiner römischen Herkunft, andere hielten zu dem Griechen, weil sie einen privaten Groll gegen den Römer hegten. Und dann verstummte der Jubel mit einem Schlag. Die Leute wandten den Blick in Richtung des Hügels, standen auf, starrten und zeigten mit dem Finger. Eine sonderbare Stille breitete sich aus. Die Menge vergaß die Athleten und beobachtete einen einzelnen Mann, der mit schnellen Schritten den grünen Abhang hinunterkam und sich ihnen näherte. Diese riesige einsame Gestalt mit dem Knüttel aus Eichenholz in der Hand, dem zerzausten Schaffell, das von seinen breiten Schultern herabhing und flatterte, und dem goldenen Haar, das in der Abendsonne wie ein Heiligenschein glänzte, war vielleicht der Schutzgott der schroffen, unfruchtbaren Berge, aus denen er zum Vorschein gekommen war. Sogar der Kaiser erhob sich von seinem Platz und starrte das außergewöhnliche Wesen an, das da auf ihn zukam.

Der Mann, den wir schon als Theckla den Thraker kennen, kümmerte sich nicht um das Aufsehen, das er erregt hatte, sondern marschierte, leichtfüßig wie ein Rentier, vorwärts, bis er die Nachhut der Soldaten eingeholt hatte. Er bahnte sich seinen Weg durch ihre Reihen, sprang über die Seile, die die Kampfbahn abgrenzten, und ging auf den Kaiser zu, bis eine Speerspitze auf seiner Brust ihn aufhielt. Dann beugte er das rechte Knie und rief ein paar Worte auf Gotisch aus.

„Bei Jupiter! Hat man jemals einen Mann mit solchem Körperbau gesehen!“ rief der Kaiser. „Was sagt er? Was fehlt ihm? Woher kommt er, und wie heißt er?“

Ein Übersetzer übermittelte die Antwort des Barbaren. „Er sagt, großer Cäsar, daß er aus guter Familie sei und von einem Goten und einer Alanerin abstamme. Er sagt, sein Name sei Theckla, und daß er das Schwert in Cäsars Diensten tragen möchte.“

Der Kaiser lächelte. „Für einen solchen Mann ließe sich sicher irgend ein Posten finden, selbst wenn es nur als Hausmeister im Palatinum-Palast wäre“, sagte er zu einem der Präfekten. „Ich würde ihn zu gern einmal über das Forum gehen sehen! Er würde der Hälfte aller römischen Frauen den Kopf verdrehen. Rede du mit ihm, Crassus, du kannst ja seine Sprache.“

Der römische Offizier wandte sich an den Riesen. „Cäsar sagt, daß du mit ihm kommen sollst. Er wird dich zu seinem Türsteher machen!“

Der Barbar stand auf und errötete, weil er sich gekränkt fühlte. „Ich will Cäsar als Soldat dienen“, sagte er, „aber Hausdiener werde ich nicht – nicht einmal bei ihm! Wenn Cäsar sehen möchte, was für ein Mann ich bin, soll er jemanden aus seiner Garde gegen mich antreten lassen.“

„Bei Milo, der Kerl traut sich was!“ rief der Kaiser. „Was meinst du, Crassus? Soll er seine Worte unter Beweis stellen?“

„Mit Verlaub, Cäsar“, sagte der Soldat unumwunden, „gute Schwertkämpfer sind in diesen Tagen zu kostbar – wir können es uns nicht leisten, daß sie einander spaßeshalber umbringen. Vielleicht könnte der Barbar eine Runde im Ringkampf ...“

„Ausgezeichnet!“ rief der Kaiser. „Wir nehmen Python und Varus, den Lictor, die sich gerade für einen Ringkampf entkleidet haben. Schau sie dir an, Barbar, und entscheide dich für einen. Was sagt er? Er will es mit beiden aufnehmen? Also nein – dann ist er entweder der König der Ringer oder der König der Angeber, und wir werden bald sehen, welcher von beiden er ist. Laßt ihn nur, er ist selbst schuld, wenn er sich das Genick bricht."

Es gab Gelächter, als der Bauer seinen Schaffellmantel von sich warf und sich nicht einmal die Mühe machte, seine lederne Tunika auszuziehen, sondern schnurstracks auf die beiden Ringer losging. Doch das Geschrei war groß, als er den Griechen unter den einen und den Römer unter den anderen Arm klemmte und beide mit eisernem Griff festhielt. Dann hob er die beiden mit einer gewaltigen Kraftanstrengung hoch und trug sie rund um die Arena, so sehr sie sich auch sträubten. Schließlich ging er zum Thron des Kaisers und warf ihm die beiden Athleten vor die Füße. Dann verbeugte sich der riesige Barbar vor Cäsar, verließ den Kampfplatz und ließ sich zwischen den applaudierenden Soldaten nieder. Von dort aus sah er ohne eine äußere Regung zu, wie die Wettkämpfe zu Ende gingen.

Es war immer noch hell, als die letzte Darbietung vorbei war und die Soldaten ins Lager zurückkehrten.

Der Kaiser Severus hatte sich sein Pferd bringen lassen und ritt nun in Begleitung von Crassus, seinem bevorzugten Präfekten, den Pfad hinunter, der sich um den Harpessus schlängelt. Die beiden unterhielten über die künftigen Marschrichtungen der Armee. Sie hatten ein paar Meilen zurückgelegt, als Severus sich umsah und überrascht feststellte, daß eine riesige Gestalt seinem Pferd auf dem Fuß folgte.

„Offenbar haben wir in den Bergen von Thrakien sowohl Merkur als auch Herkules gefunden", sagte er mit einem Lächeln. „Laß uns sehen, wie lange er braucht, um unsere syrischen Pferde einzuholen."

Die beiden Römer trieben ihre ausgezeichneten Pferde an und zügelten sie erst, nachdem sie eine gute Meile in vollem Galopp zurückgelegt hatten. Dann sahen sie sich um – und da kam auch schon der riesige Barbar. Er rannte immer noch mit einer Leichtfüßigkeit und einer Kraft, die eiserne Muskeln und unerschöpfliche Ausdauer verrieten. Der römische Kaiser wartete, bis der Athlet sie eingeholt hatte.

„Warum folgst du mir?“ fragte er.

„Ich habe die Hoffnung, Cäsar, dir immer zu folgen.“ Sein Gesicht war gerötet. Er sprach fast auf Augenhöhe mit dem Römer auf dem Pferderücken.

„Beim Gott des Krieges, ich weiß nicht, wo auf der Welt ich einen solchen Diener finden könnte!“ rief der Kaiser. „Du sollst mein persönlicher Leibwächter sein, der, der mir am nächsten steht.“

Der Riese fiel auf die Knie. „Mein Leben und meine Kräfte gehören dir“, sagte er. „Ich habe keinen anderen Wunsch, als sie Cäsar zu widmen.“

Crassus hatte dieses kurze Gespräch übersetzt. Jetzt wandte er sich an den Kaiser.

„Wenn er wirklich immer um dich sein soll, Caesar, wäre es besser, dem armen Barbaren einen Namen zu geben, den du aussprechen kannst. Das Wort ‚Theckla‘ ist so rauh und unschön wie die Felsen seiner Heimat.“

Der Kaiser dachte einen Moment nach. „Wenn ich ihm einen Namen geben soll“, sagte er, „dann nenne ich ihn auf jeden Fall Maximus, denn einen solchen Riesen gibt es kein zweites Mal auf der Welt.“

„Hörst du“, sagte der Präfekt. „Der Kaiser hat geruht, dir einen römischen Namen zu geben, weil du in seinen Dienst eingetreten bist. Ab jetzt bist du nicht mehr Theckla, sondern Maximus. Kannst du mir nachsprechen?“

„Maximinus“, wiederholte der Barbar und versuchte, das lateinische Wort nachzuahmen und zu behalten.

Der Kaiser lachte über den unbeholfenen Akzent. „Ja, ja, lassen wir es bei Maximinus. Du bist nun für alle Welt

Maximinus, der Leibwächter von Severus. Sobald wir in Rom sind, werden wir dafür sorgen, daß du Kleidung bekommst, die deinem Amt angemessen ist. Vorerst marschierst du mit der Garde und wartest meine weiteren Befehle ab."

So kam es, daß am nächsten Tag, als die römische Armee weitermarschierte und das schöne Tal des Harpessus hinter sich ließ, ein großgewachsener Rekrut in braunem Leder und mit einem struppigen Schaffell über den Schultern neben der kaiserlichen Truppe hermarschierte. Aber in weiter Ferne, in dem hölzernen Bauernhaus eines entlegenen makedonischen Tales, weinten zwei alte Landbewohner salzige Tränen und beteten, die Götter mögen ihren Sohn beschützen, der sich auf den Weg nach Rom gemacht hatte.

II: Der Aufstieg des Riesen Maximinus

Genau fünfundzwanzig Jahre waren seit dem Tag vergangen, an dem aus Theckla, dem riesigen Thraker, Maximinus, ein Mitglied der römischen Garde, geworden war. Es waren keine guten Jahre für Rom gewesen. Die großen Zeiten eines Hadrian oder Trajan waren für immer vorbei. Vorbei war auch das goldene Zeitalter der beiden Kaiser namens Antonius, in dem die Mächtigsten ausnahmsweise einmal auch die Ehrenwertesten und Weisesten gewesen waren. Es war eine Epoche schwacher und grausamer Männer angebrochen. Severus, der dunkelhäutige Afrikaner, ein starker grimmiger Mann, war im fernen York gestorben, nachdem er den ganzen Winter gegen die kaledonischen Hochlandbewohner gekämpft hatte – einen Stamm, der dem römischen Militär seit Jahren zu schaffen machte. Sein Sohn, bekannt unter dem Spottnamen Caracalla, hatte sechs Jahre regiert – sechs Jahre voll wahnsinniger Ausschweifung und Grausamkeit –, bevor der Messerstich eines zornigen Soldaten die Würde des römischen Namens wieder herstellte. Der unbedeutende Macrinus hatte nur ein Jahr auf dem gefährlichen Thron gesessen, bis auch er ein blutiges Ende fand und der groteskesten Erscheinung unter allen Monarchen Platz machte – dem unsäglichen Elagabal mit der verdorbenen Seele und dem geschminkten Gesicht. Auch an ihn kam die Reihe – er wurde von Soldaten niedergemetzelt, und Severus Alexander, ein sanftmütiger Junge von knapp siebzehn Jahren, hatte sich an dessen seinem Platz wiedergefunden. Set dreizehn Jahren regierte er jetzt und versuchte mit einigem Erfolg, das morsche Gebälk des Reiches durch Tugend zu stabilisieren, wobei er sich jedoch viele gefährliche Feinde machte – Feinde, die er nicht in Schach halten konnte.

Und der Riese Maximinus – was war aus ihm geworden? Er war mit seiner Größe von acht Fuß durch das Tiefland von Schottland und die Pässe des Grampian-Gebirges marschiert. Er hatte Severus dahinscheiden sehen und an der Seite von dessen Sohn gekämpft. Er hatte auch in Armenien, Dakien und Germanien gekämpft. Er war im Feld zum Zenturio ernannt worden, nachdem er mit bloßen Händen die Palisaden eines Dorfes im Norden eine nach der anderen aus der Erde gezogen und so der heranstürmenden Armee einen Weg gebahnt hatte. Seine Kraft beeindruckte und belustigte die Soldaten gleichermaßen. In der Armee hatte man sich Anekdoten über ihn erzählt, die allgemeiner Gesprächsstoff an den Lagerfeuern waren – sein Duell mit dem germanischen Henker auf der Insel im Rhein und von dem Fausthieb, mit dem er einem Pferd der Scythen das Bein gebrochen hatte. Langsam hatte er seinen Weg nach oben gemacht und war jetzt, nach einem Vierteljahrhundert Militärdienst, Tribun der vierten Legion und Oberbefehlshaber über alle Rekruten der ganzen

Armee. Ein junger Soldat, der Maximinus unter die Augen gekommen war oder der von seiner riesigen Hand hochgehoben worden war und von der anderen einen Klaps bekommen hatte, hatte seine erste Lektion über die Disziplin des Militärdienstes gelernt.

Im Lager der vierten Legion am gallischen Ufer des Rheins wurde es Nacht. Auf der anderen Seite des mondbeschienen Wassers hausten die wilden ungezähmten germanischen Stämme in dichten Wäldern, die sich bis zum weit entfernten verschwommenen Horizont erstreckten. Unten am Ufer schimmerte das Licht auf den Helmen der römischen Grenzsoldaten, die entlang des Flusses Wache hielten. In weiter Ferne hob und senkte sich ein roter Punkt in der Dunkelheit – ein Wachfeuer der Feinde auf der anderen Seite.

Vor seinem Zelt, neben ein paar schwelenden Holzscheiten, saß der Riese Maximinus, umgeben von einem Dutzend seiner Offiziere. Seit dem Tag, an dem wir ihn zum ersten Mal im Tal des Harpessus getroffen haben, hat er sich sehr verändert. Seine riesige Gestalt war aufrecht wie eh und je, und nichts sprach dafür, daß er etwas von seiner Kraft eingebüßt hätte. Aber er war dennoch gealtert. Der zerzauste blonde Haarschopf war plattgedrückt von dem ständigen Gewicht des Helms. Das frische junge Gesicht war jetzt ausgemergelt und verkniffen; Anspannung und Entbehrungen hatten ihre Spuren eingemeißelt. Die Nase erinnerte noch mehr an die eines Adlers, die Augen blickten listiger, der Gesichtsausdruck war zynischer und düsterer geworden. In seiner Jugend wäre ein Kind ihm in die Arme gelaufen; jetzt würde es bei seinem Anblick schreiend davonlaufen. Das hatten fünfundzwanzig Jahre bei den Adlern aus Theckla, dem thrakischen Bauern, gemacht.

Er war ein schweigsamer Mann und hörte nun der Unterhaltung seiner Zenturios zu. Einer von ihnen, Balbus der Sizilianer, war im Hauptlager in Mainz gewesen, das nur vier Meilen entfernt lag, und hatte gesehen, wie Kaiser Alexander aus Rom gekommen war. Die anderen warteten gespannt auf Neuigkeiten, denn es waren unruhige Zeiten, und eine Atmosphäre des Umbruchs lag in der Luft.

„Wieviele Begleiter hatte er dabei?“ fragte Labienus, ein Veteran mit schwarzen Brauen, der aus dem Süden Galliens stammte. „Ich verwette den Sold eines Monats darauf, daß er sich nicht getraut hat, seine treuen Legionen allein aufzusuchen.“

„Es waren nicht so viele“, antwortete Balbus. „Zehn oder zwölf Kohorten der Prätorianer und eine Handvoll Pferde.“

„Dann hat er sich wirklich in die Höhle des Löwen begeben!“ rief Sulpicius, ein hitzköpfiger junger Mann aus Pentapolis in Afrika. „Wie wurde er empfangen?“

„Ziemlich kühl. Es ertönte kaum ein Hochruf, als er die Reihe entlangritt.“

„Die Zeit ist reif für Unheil“, sagte Labienus. „Und wen wundert das? Es sind doch wir Soldaten, die das Reich mit unseren Speeren erhalten, während die faulen Bürger in Rom all das ernten, was wir säen! Warum kann man nicht einem Soldaten geben, was einem Soldaten zusteht? Sie glauben, sie hätten ihre Pflichte getan, wenn sie uns täglich unseren Denarius zuwerfen!“

„Jawohl“, krächzte ein mürrischer alter Graubart. „Wir geben unsere Glieder, unser Blut, unser Leben – aber was kümmert es die Leute in Rom, solange die Barbaren ferngehalten werden und sie sich ungestört auf Festen und im Zirkus amüsieren können? Brot, Wein und Spiele umsonst – alles für die Faulenzer in Rom. Und für uns? Die Bewachung der Grenze und den Lohn eines Soldaten!“

Maximinus lachte mit seiner tiefen Stimme. „So redet der alte Plancus“, sagte er, „aber wir wissen, daß er um nichts in der Welt seinen Stahlpanzer gegen die Kleidung eines Bürgers eintauschen würde. Du hast genug Geld für eine Hundehütte zusammen, alter Jagdhund. Geh, dann kannst du in Ruhe an deinem Knochen nagen und knurren!"

„Nein, ich bin zu alt für Veränderungen. Ich werde dem Adler folgen bis zu meinem Tod. Und dennoch würde ich lieber einem Soldatenkaiser dienen als einem Syrer in langem Gewand, in dessen Volk die Frauen Männer und die Männer Frauen sind."

Im Kreis der Soldaten ertönte Gelächter, denn die Zeit war reif für einen Aufstand, und auch der Ausbruch des alten Zenturios weckte keinen Protest. Maximinus hob seinen großen Bulldoggenkopf und sah Balbus an.

„Haben die Soldaten irgend einen Namen genannt?" fragte er bedeutungsvoll.

Die Antwort war Schweigen. Der Wind, der in den Bäumen seufzte, und die Wellen des Flusses, die leise ans Ufer schwappten, waren in der Stille deutlicher zu hören. Balbus sah seinen Kommandeur durchdringend an.

„Zwei Namen wurden in allen Reihen geflüstert", sagte er. „Der eine war der von Ascenius Pollio, dem General. Der andere war …"

Der temperamentvolle Sulpicius sprang auf und schwenkte eine brennende Fackel durch die Luft. „Maximinus!" brüllte er, „Imperator Maximinus Augustus!"

Wer konnte sagen, wie es dazu kam? Eine Stunde zuvor hatte noch keiner daran gedacht. Und jetzt war es von einer Sekunde auf die andere eine abgemachte Sache. Der Ruf des aufgewühlten jungen Afrikaners war kaum durch die Finsternis gehallt, als schon das Echo von den Zelten, den Wachfeuern und den Grenzsoldaten zurückkam: „Ave, Maximinus! Ave, Maximinus Augustus!" Von überall her kamen Männer herbeigerannt, nur halb bekleidet, mit starrem, wildem Blick und offenem Mund, die brennende Strohbüschel oder Fackeln durch die Luft schwenkten. Unzählige Hände packten den Riesen, und so fand er sich auf den Schultern der stiernackigen Gladiatoren wieder. „Ins Lager! Ins Lager!“ brüllten sie. „Ins Lager! Er lebe hoch! Der Soldatenkaiser lebe hoch!“

In derselben Nacht ging Severus Alexander, der junge syrische Kaiser mit seinem Freund Licinius Probus, dem Kapitän der Garde, außerhalb des Lagers auf und ab. Sie unterhielten sich besorgt über die finsteren Mienen und das widerspenstige Auftreten der Soldaten. Eine Vorahnung kommenden Unheils bedrückte den Kaiser und spiegelte sich auf dem ernsten, bärtigen Gesicht seines Begleiters wider.

„Mir gefällt das nicht“, sagte er. „Ich kann nur empfehlen, Cäsar, daß wir uns bei Tagesanbruch sofort wieder auf den Weg nach Süden machen.“

„Aber“, wandte der Kaiser ein, „es wäre doch eine Schande, wenn ich vor der Gefahr davonlaufe. Was haben sie gegen mich? Was habe ich ihnen getan, daß sie ihre Eide vergessen und sich gegen mich erheben würden?“

„Sie sind wie Kinder, die ständig etwas Neues wollen. Du hast ja das Gemurmel gehört, als du die Reihen entlanggeritten bist. Nein, Cäsar, flieh morgen, und deine Prätorianer werden dafür sorgen, daß dich keiner verfolgt. Vielleicht sind ein paar treue Kohorten unter den Legionen, und wenn wir Streitkräfte zusammenziehen …“

Lautes Geschrei aus der Ferne unterbrach ihr Gespräch. Es war ein langanhaltendes, dumpfes Grollen, wie das Rauschen einer Welle, die auf den Strand zurollt. Am Ende der Straße, auf der sie standen, blinkten viele Lichter, die auf und ab tanzten und hastig näherkamen. Das heisere, unzusammenhängende Gebrüll wurde zu deutlichen Worten, die tausendfach wiederholt wurden.

Licinius packte den Kaiser am Arm und zerrte ihn in den Schutz eines Gebüschs.

„Sei still, Cäsar! Wenn dir dein Leben lieb ist, sei still!“ flüsterte er. „Ein Wort, und wir sind verloren!“

Sie kauerten sich in der Dunkelheit zusammen und sahen die aufgescheuchte Menge vorüberrasen, die Gestalten, die rannten und schrien und mit den Armen fuchtelten, die bärtigen, verzerrten Gesichter, manchmal glühend rot und dann wieder grau, je nachdem, ob das Licht der brennenden Fackeln aufflackerte oder erlosch. Sie hörten das Getrappel von zahlreichen Füßen, das Geschrei heiserer Stimmen und das Scheppern von Metall. Und dann sahen sie ganz plötzlich einen gigantischen Mann, einen gewaltigen gebeugten Rücken, ein entschlossenes Gesicht und grimmige Adleraugen über den Schilden. Er war nur eine Sekunde lang im Licht eines qualmenden Feuers zu sehen, dann war das Bild im Dunkeln verschwunden.

„Wer ist das?“ stammelte der Kaiser und packte seinen Leibwächter am Ärmel. „Sie nennen ihn Cäsar!“

„Es ist bestimmt Maximinus, der Bauer aus Thrakien.“ Der Prätor sah seinen Herrn in der Dunkelheit mit seltsamem Blick an.

„Es ist alles aus, Cäsar. Laß uns fliehen!“

Aber als sie sich gerade davonmachen wollten, ertönte wiederum Geschrei, das noch zehnmal lauter war als das von vorhin. Wenn es zuerst geklungen hatte wie eine heranschwappende Welle, so klang es jetzt wie ein Orkan. Zwanzigtausend Menschen stimmten im Lager in ein wildes Gebrüll ein, das so laut durch die Nacht hallte, daß die Germanen in weiter Ferne an ihren Wachfeuern erschrocken aufhorchten.

„Ave!“ riefen die Stimmen. „Ave, Maximinus Augustus!“

Hoch oben auf ihren Faustschilden stand der Riese und schaute in die Gesichter der Menge, die zu ihm aufblickte. Sogar sein unzivilisiertes Gemüt war von dem Geschrei berührt, aber nur seine glühenden Augen verrieten das Feuer in ihm. Er winkte den jubelnden Soldaten zu wie ein Jäger seiner Hundemeute. Sie reichten ihm einen Kranz aus Eichenblättern und ließen beifällig die Säbel rasseln, als er ihn aufsetzte. Dann bekam Bewegung in die Menge vor ihm, es wurde etwas Platz gemacht, und ein Offizier in der Kleidung eines Prätors kniete nieder. Sein Gesicht, seine bloßen Unterarme und sein Schwert waren mit Blut verschmiert. Auch Licinius schwamm mit dem Strom.

„Hoch lebe Cäsar, er lebe hoch!“ rief er, als er sich vor dem Riesen verbeugte. „Ich komme gerade von Alexander. Er wird dir keinen Ärger mehr machen.“

III: Maximinus’ Sturz

Der Soldatenkaiser war seit drei Jahren auf dem Thron. Sein Palast war sein Zelt, sein Volk die Legionäre. Mit ihnen war er stark, ohne sie war er nichts. Er war mit ihnen von einer Grenze zur anderen gezogen. Er hatte gegen die Dacier, Sarmatianer und noch einmal gegen die Germanen gekämpft. Aber in Rom sah und hörte man nichts von ihm, und es regte sich Widerstand gegen einen Herrscher, der sich so wenig um Rom und dessen Interessen kümmerte, daß er nie geruhte, auch nur einen Fuß in die Stadt zu setzen. Es wurden Intrigen gegen den abwesenden Kaiser geschmiedet. Dann erreichte sein langer Arm sie, und sie bekamen eine Kopfnuß wie die jungen Soldaten, die unter seinem Befehl standen. Er hatte keine Ahnung von Konsulen, Senaten und bürgerlichen Gesetzen und kümmerte sich folglich auch nicht darum. Sein eigener Wille und die Macht des Schwertes waren die einzigen Kräfte, die er verstand. Vom Handel und den Künsten wußte er ebensowenig wie zu der Zeit, als er sein Zuhause in Thrakien verlassen hatte. Das ganze riesige Reich war für ihn eine gewaltige Maschine, die das Geld beschaffte, mit dem die Legionäre besoldet wurden. Seine Soldaten würden es ihm übelnehmen, wenn sie kein Geld bekamen. Sie hatten ihn in jener Nacht auf den Schild gehoben, damit er ihre Interessen vertrat. Selbst wenn die Schatztruhen der Städte geplündert oder Tempel entweiht wurden – das Geld mußte beschafft werden. Das war der Standpunkt des Riesen Maximinus.

Aber es regte sich Widerstand – und die gewaltige Energie des Mannes, all die Härte, die ihm der Oberbefehl über harte Männer gegeben hatte, sträubte sich dagegen. Er lebte seit seiner Jugend auf Schlachtfeldern, Leben und Tod waren Kleinigkeiten für ihn. Er machte jeden nieder, der sich ihm widersetzte oder gar zurückschlug. Sein langer Schatten fiel über das ganze Imperium, von Britannien bis nach Syrien. Außerdem machte sich bei ihm eine sonderbare, unterschwellige Rachsucht bemerkbar. Seine Allmacht brachte jede schlechte Eigenschaft ans Licht. In früheren Zeiten war er für seine Grobheit getadelt worden, jetzt überkam ihn plötzlich Wut auf diejenigen, die es gewagt hatten, ihn zu kritisieren. Er saß da, das zerklüftete Kinn in die Hand und die Ellbogen auf die Knie gestützt, und erinnerte sich an jedes Mißgeschick, an jede Kränkung, die ihm in seiner Jugend widerfahren war, wenn kultivierte Römer sich in ihren Satiren über seine Körperfülle und seine Einfalt lustiggemacht hatten. Er konnte nicht schreiben, aber sein Sohn Verus notierte die Namen, und sie wurden zum Statthalter nach Rom geschickt. Männer, die längst vergessen hatten, was sie Maximinus getan hatten, wurden plötzlich nach Rom beordert, um teuer zu bezahlen.

In Afrika brach eine Rebellion aus, doch sie wurde von seinem Leutnant niedergeschlagen. Aber das bloße Gerücht reichte, um Rom in Aufruhr zu versetzen. Der einstige Geist des Senats lebte wieder auf, ebenso wie der der italienischen Bevölkerung. Sie würden nicht für immer von den Legionen schikaniert werden. Als Maximinus von der Grenze aus anrückte und dabei plante, das aufständische Rom in Schutt und Asche zu legen, standen alle Zeichen auf Widerstand. Die ländlichen Gegenden waren entvölkert, die Bauernhöfe verlassen, auf den Feldern stand kein Getreide und kein Vieh mehr. Vor ihm lag Aquileia mit seiner Stadtmauer. Er warf sich mit aller Kraft gegen die Mauer, die jedoch kein Stück zurückwich. Die Mauer konnte nicht bezwungen werden, und für seine Legionen gab es weit und breit nichts zu essen. Die Männer litten Hunger und waren unzufrieden. Was kümmerte es sie, wer Kaiser war? Maximinus war nicht besser als sie. Warum sollten sie den Haß des ganzen Reiches auf sich ziehen, indem sie ihn unterstützten? Er sah ihre finsteren Gesichter und ihre gehässigen Blicke und wußte, daß das Ende da war.

In dieser Nacht saß er mit seinem Sohn Verus in seinem Zelt. Er sprach in einem sanften Ton, den der Junge nie von ihm gehört hatte. So hatte er in früheren Zeiten mit Paulina, der Mutter des Jungen, gesprochen, aber sie war schon lange tot, und mit ihr waren alle Weichheit und Milde des großen Mannes gestorben. Jetzt hatte er das Gefühl, daß ihr Geist ihm nahe war, und sein Temperament wurde dadurch gemildert.

„Ich möchte, daß du in die thrakischen Berge zurückkehrst", sagte er. „Ich spreche aus Erfahrung, mein Junge, und ich kann dir sagen, daß keine Macht der Welt so glücklich macht wie der frische Wind und der Geruch des Viehs an einem Sommermorgen. Dir haben sie nichts vorzuwerfen, warum sollten sie dir etwas antun? Halt dich von Rom und den Römern fern. Der alte Eudoxus hat genug Geld übrig. Er wartet vor dem Lager mit zwei Pferden auf dich. Begib dich ins Tal des Harpessus, Junge – dort kommt dein Vater her, und dort wirst du seine Verwandten finden. Laß dich häuslich nieder und meide den gefährlichen Irrweg des Größenwahns. Gott steh dir bei, Verus, und führe dich sicher nach Thrakien."

Nachdem sein Sohn ihm die Hand geküßt hatte und gegangen war, wickelte sich der Kaiser fest in seine Robe und saß lange nachdenklich da. Er war kein schneller Denker, und die Bilder der Vergangenheit zogen langsam an seinem inneren Auge vorüber – seine frühen friedlichen Tage, seine Jahre mit Severus, seine Erinnerungen an Britannien, seine ausgedehnten Feldzüge, sein Ringen und seine Kämpfe und schließlich die unwirkliche Nacht am Rhein. Die anderen Soldaten waren seine Kameraden gewesen und hatten ihn geliebt. Und nun hatte er in ihren Augen gelesen, daß sie ihm den Tod wünschten. Was hatte er falsch gemacht? Anderen hatte er vielleicht Unrecht getan, aber wenigstens sie hatten keinen Grund zur Klage. Wenn er die Zeit zurückdrehen könnte, würde er weniger an die Soldaten und mehr an sein Volk denken. Er würde versuchen, Liebe statt Furcht zu wecken und für den Frieden leben statt für den Krieg. Wenn er nur die Zeit zurückdrehen könnte! Doch da hörte er schlurfende Schritte, geheimniskrämerisches Flüstern und leises Klirren von Waffen vor seinem Zelt. Ein bärtiges Gesicht schaute herein, das dunkle Gesicht eines Afrikaners, den er gut kannte. Er lachte und nahm sein Schwert, das neben ihm auf dem Tisch lag.

„Du bist es, Sulpicius!“ sagte er. „Du bist sicher nicht gekommen, um wie damals am Feuer ‚Ave Imperator Maximinus!‘ zu rufen. Ihr habt mich satt, und bei den Göttern, ich habe euch satt und bin froh, daß das Ende in Sicht ist. Kommt, bringen wir es hinter uns, denn ich möchte sehen, wieviele von euch ich mitnehmen kann, wenn ich gehe.“

Sie drängten sich am Eingang des Zeltes und schauten einander über die Schulter. Keiner hatte das Bedürfnis, es als erster mit dem lachenden, spöttischen Riesen aufzunehmen. Doch dann wurde etwas, das auf eine Speerspitze gespießt war, durchgereicht, und als Maximinus das sah, stöhnte er und ließ sein Schwert fallen.

„Ihr hättet den Jungen verschonen können“, schluchzte er. „Er hätte euch nichts getan. Dann bringt es zu Ende, denn ich will ihm gerne folgen.“

Also umzingelten sie ihn und stachen auf ihn ein, bis er zusammensackte und zu Boden fiel.

„Der Tyrann ist tot!“ riefen sie. „Der Tyrann ist tot!“ Und aus dem Lager unter ihnen und von den Wällen der belagerten Stadt kam ein jubelndes Echo zurück: „Er ist tot, Maximinus ist tot!“

Ich sitze in meinem Arbeitszimmer, und vor mir auf dem Tisch liegt ein Denarius mit dem Bild von Maximinus, so blank, als sei die Münze gerade frisch geprägt worden. Das Bildnis in der Mitte ist eingerahmt von seinen klangvollen Titeln – Imperator Maximinus, Pontifex Maximus, Tribunitia potestate und so weiter. Man sieht einen großen zerzausten Kopf, ein breites Kinn, ein plumpes Gesicht mit kämpferischem Ausdruck und eine gerunzelte Stirn. Trotz all der hochtrabenden Titel ist es das Gesicht eines Bauern, und ich sehe in ihm nicht den römischen Kaiser, sondern den großen thrakischen Bauern, der an jenem lange zurückliegenden Sommertag ins Tal hinabrannte, als die Adler ihn erstmals nach Rom gerufen hatten.

Der Tag des Zorns

Mitte des vierten Jahrhunderts war die christliche Religion in einem schändlichen Zustand. War sie zur Zeit ihrer Unterdrückung noch geduldig, demütig und leidend gewesen, war sie mit wachsendem Erfolg großspurig, aggressiv und unvernünftig geworden. Der Paganismus – das Heidentum – war noch nicht tot, aber sein Stern war im Sinken, und seine treuesten Anhänger waren einerseits die konservativsten Aristokraten aus den besten Familien und andererseits unter den minderbemittelten Dorfbewohnern zu finden, nach denen der aussterbende Glaube benannt worden war. Zwischen diesen beiden Extremen befand sich die große Mehrheit der vernünftigen Menschen, die von dem Glauben an viele Götter zum Glauben an einen einzigen bekehrt worden waren und die Religion ihrer Vorväter für immer aufgegeben hatten. Aber mit den Lastern des Polytheismus hatten sie auch dessen Tugenden aufgegeben, unter denen Toleranz und Gelassenheit in religiösen Fragen eine große Rolle gespielt hatten. Die mühselige Ernsthaftigkeit der Christen hatte sie gezwungen, jede Einzelheit ihrer Glaubenslehre zu prüfen und zu festzulegen, aber da sie kein Oberhaupt hatten, das die Richtigkeit ihrer Vorstellungen bestätigen konnte, dauerte es nicht lange, und hundert häretische Strömungen, die miteinander konkurrierten, meldeten sich zu Wort. Dieselbe Tiefe der Überzeugung brachte die energischeren Dogmatiker dazu, sich aus Gewissensgründen auf den

Kriegspfad zu begeben, um den schwächeren ihre Ansichten aufzuzwingen und so den Osten in Chaos und Konflikte zu stürzen.

Alexandria, Antiochia und Konstantinopel waren die Hauptschauplätze der theologischen Auseinandersetzungen. Auch der ganze Norden Afrikas wurde von dem Kampf der Donatisten erschüttert, die ihr spezielles Schisma mit dem Morgenstern und dem Schlachtruf „Gelobt sei Gott!“ verteidigten. Aber die kleinen örtlichen Zwistigkeiten verblaßten völlig gegen den großen Streit der Katholiken und der Arianisten, der jedes Dorf in zwei Lager spaltete und in jedem Haus vom Palast bis zur Hütte für Unfrieden sorgte. Die gegnerischen Doktrinen der Homoousianer und der Homoiusianer, die so feine metaphysische Schattierungen enthielten, daß man sie kaum unterscheiden konnten, spielten Bischof gegen Bischof und Kongregation gegen Kongregation aus. Auf beiden Seiten flossen die Tinte der Theologen und das Blut der Fanatiker in Stömen, und friedliche Anhänger Christi waren entsetzt, daß ihr Glaube verantwortlich war für so viele schändliche Gewaltausbrüche und Blutvergießen, wie es die Welt noch nie erlebt hatte. Viele der aufrichtigeren von ihnen waren so schockiert, daß sie in die libysche Wüste oder die Abgeschiedenheit von Pontus flohen, um dort unter Selbstverleugnung und Gebeten die Wiederkehr Christi zu erwarten. Aber das Echo der fernen Kämpfe hallte sogar bis in die Wüsten, und die Eremiten selbst blickten grimmig auf vorüberziehende Reisende, die vielleicht von den Lehren des Athanasius oder Arius infiziert waren.

Ein solcher Eremit war Simon Melas, über den ich schreibe. Als Trinitarianer und Katholik war er entsetzt über das Ausmaß der Verfolgung der Arianer. Damit vergleichbar war nur die ähnliche Grausamkeit, mit der eben diese Arianer, als sie selbst mächtig waren, ihre Christenbrüder behandelt hatten. Müde von dem ganzen Kampf und überzeugt, daß das Ende der Welt unmittelbar bevorstand, verließ er sein Zuhause in Konstantinopel und reiste bis zu den Siedlungen der Goten in Dacia und überquerte die Donau auf der Suche nach einem Ort, an dem er von den endlosen Streitigkeiten unbehelligt sein würde. Er reiste immer noch weiter nach Nordosten und überquerte den Fluß, den wir heute den Dniester nennen. Dort fand er einen felsigen Hügel, der von einer riesigen Ebene aufragte, und er ließ sich in einer Höhle nahe beim Gipfel häuslich nieder, um den Rest seines Lebens in Selbstverleugnung und Meditation zu verbringen.

Im Bach gab es Fische, die Umgebung wimmelte von Wild, und es wuchs eine Unmenge wilder Früchte, so daß seine spirituellen Exerzitien nicht übermäßig durch die Nahrungssuche für seine sterbliche Hülle unterbrochen wurden.

In diesem entlegenen Schlupfwinkel hoffte er, vollkommene Ruhe zu finden, aber vergeblich. Schon eine Woche nach seiner Ankunft überkam ihn weltliche Neugier, und er erkundete die Winkel des Felsenhügels, auf dem er lebte. Als er zu einer Felsspalte, in der Oliven und Myrte wuchsen, hinaufkletterte, entdeckte er zufällig eine Höhle, vor der ein alter Mann saß – weißbärtig, weißhaarig und schwächlich – ein Eremit wie er selbst. Dieser Fremde war so lange allein gewesen, daß er fast die Sprache vergessen hatte, aber schließlich wurde seine Rede freier, und er konnte mitteilen, daß er Paul von Nicopolis hieß, daß er Grieche war und daß er auch in die Wüste hinausgezogen war, um seine Seele zu retten und einer Berührung mit der Häresie zu entgehen.

„Ich hätte kaum gedacht, Bruder Simon“, sagte er, „daß ich jemals jemanden finden würde, der auf dem gleichen heiligen Weg so weit gekommen ist. In all diesen Jahren – und es sind so viele, daß ich aufgehört habe, sie zu zählen – , habe ich keinen einzigen Menschen gesehen – bis auf ein oder zwei Schafhirten in weiter Ferne."

Von ihrem Sitzplatz aus sahen sie die riesige Steppe mit ihrem wogenden Gras, dessen üppiges Grün in der Sonne schimmerte und sich weit und endlos wie das Meer bis zum Horizont im Osten erstreckte. Simon Melas starrte neugierig auf die Ebene hinaus.

„Sag mir, Bruder Paul", sagte er, „du lebst ja schon so lange hier – was liegt auf der anderen Seite dieser Ebene?"

Der alte Mann schüttelte den Kopf. „Es gibt keine andere Seite der Ebene", sagte er. „Es ist das Ende der Welt und dehnt sich ins Unendliche. Ich habe all die Jahre hier gesessen, aber nie etwas von dort kommen sehen. Es steht fest, daß – wenn es eine andere Seite gäbe – sicher irgendwann einmal ein Reisender aus dieser Richtung gekommen wäre. Auf der anderen Seite des großen Flusses liegt der römische Stützpunkt Tyras, aber von dort ist es eine Tagesreise bis hierher, und sie haben mich nie beim Meditieren gestört."

„Worüber meditierst du, Bruder Paul?"

„Anfangs habe ich über heilige Mysterien meditiert, aber jetzt brüte ich schon seit zwanzig Jahren ununterbrochen über das Wesen des Logos. Wie denkst du über die Sache, Bruder Simon?"

„Sicher", sagte der jüngere Mann, „da gibt es keine Frage. ‚Logos' ist bestimmt nur eine Name, den der heilige Johannes als Bezeichnung für die Gottheit verwendet."

Der alte Eremit stieß einen heiseren Wutschrei aus, und sein braunes verwittertes Gesicht verzerrte sich vor Ärger. Er packte den großen Stab, mit dem er Wölfe abwehrte, und fuchtelte damit drohend in der Luft herum.

„Raus mit dir! Raus aus meiner Höhle!" schrie er. „Habe ich so lange hier gelebt, um sie von einem boshaften Trinitianer – einem Anhänger des Schurken Athanasius – verpesten zu lassen? Elender Götzendiener, merk dir ein für allemal, daß der Logos in Wirklichkeit ein Ausstrom der Göttlichkeit ist – und in keinster Weise gleich oder ewig wie Er! Raus mit dir, sage ich, oder ich schlage dir mit meinem Stab den Schädel ein!“

Es hatte keinen Sinn, mit dem wütenden Arianer zu diskutieren, und Simon trat den Rückzug an. Er war traurig und wunderte sich, daß der Geist des religiösen Streits sogar am äußersten Zipfel der Welt die friedliche Einsamkeit der Wildnis störte. Mit hängendem Kopf und schwerem Herzen stieg er ins Tal hinab und kletterte wieder zu seiner eigenen Höhle hinauf, die auf dem Gipfel des Hügels lag, und nahm sich vor, nie wieder seinen arianischen Nachbarn zu besuchen.

Hier hauste Simon Melas ein Jahr lang und lebte nur für die Einsamkeit und das Gebet. Es gab keinen Grund zu der Befürchtung, daß irgend jemand jemals zu diesem entlegenen Winkel der Zivilisation vordringen würde.

Einmal machte ein junger römischer Offizier – Caius Crassus – den Tagesritt von Tyras und erklomm den Hügel, um mit dem Eremiten zu sprechen. Er stammte aus einem Reitergeschlecht und hielt immer noch an dem alten Glauben fest. Er musterte die asketische Behausung interessiert und überrascht, aber auch etwas angewidert.

„Wem willst du mit dieser Lebensweise gefallen?“ fragte er.

„Wir zeigen, daß unser Geist stärker ist als unser Fleisch“, antwortete Simon. „Wenn es uns in dieser Welt schlechtgeht, dann hoffen wir, dadurch im nächsten Leben einen Vorteil zu haben.“

Der Zenturio zuckte die Schultern. „In unserem Volk gibt es Philosophen – Stoiker und andere –, die auch diese Vorstellung haben. Als ich in der Herulianischen Kohorte der Vierten Legion war, waren wir direkt in Rom stationiert, und ich habe viel von den Christen gesehen, konnte aber nie etwas von ihnen lernen, das ich nicht schon von meinem Vater gehört hatte, den ihr in eurer Arroganz einen Heiden nennen würdet. Wir sprechen tatsächlich von mehreren Göttern, nehmen sie aber schon seit Jahren nicht mehr allzu ernst. Unsere Vorstellungen von Tugend, Pflicht und einem tadellosen Leben sind dieselben wie eure."

Simon Melas schüttelte den Kopf. „Wenn ihr nicht die heiligen Bücher habt", sagte er, „nach welchem Leitfaden richtet ihr euch dann?"

„Wenn ihr unsere Philosophen lesen würdet, vor allem den göttlichen Plato, würdet ihr feststellen, daß andere Autoritäten euch zu dem gleichen Ziel führen können. Hast du vielleicht das Buch von unserem Kaiser Marcus Aurelius gelesen? Findest du darin nicht jede Tugend, die ein Mensch haben kann, auch wenn er nichts von eurem Glauben weiß? Bedenkst du auch die Worte und Taten unseres verstorbenen Kaisers Julian, mit dem ich das erste Mal ins Feld gezogen bin, als er Krieg gegen die Perser geführt hat? Wo könntest du einen vollkommneren Mann als ihn finden?"

„Solche Reden sind eine Sünde, und ich werde mir das nicht weiter anhören", sagte Simon streng. „Beeil dich und nimm den wahren Glauben an, solange noch Zeit ist, denn der Untergang der Welt steht bevor, und wenn es soweit ist, werden diejenigen, die ihre Augen vor dem Licht verschlossen haben, keine Gnade finden." Mit diesen Worten wandte er sich ab und kehrte zu seinem Gebetsstuhl und seinem Kruzifix zurück, während der junge Römer in Gedanken versunken den Hügel hinabstieg, sich auf sein Pferd schwang und wieder zu seinem entlegenen Posten ritt.

Simon sah ihm nach, bis von seinem glänzenden Helm nur noch ein winziger leuchtender Punkt im äußersten Westen zu sehen war, denn es war das erste menschliche Gesicht gewesen, das er in diesem langen Jahr gesehen hatte, und es kam vor, daß er in tiefstem Herzen Sehnsucht nach solchen Stimmen und Gesichtern hatte.

So verging ein weiteres Jahr, und abgesehen von Wetterumschwüngen und dem langsamen Wechsel der Jahreszeiten, war ein Tag wie der andere. Jeden Morgen, wenn Simon die Augen öffnete, sah er dieselbe graue Linie, die sich ganz im Osten rot verfärbte, bis der Silberstreifen am fernen Horizont erschien, den noch kein Lebewesen je erreicht hatte. Langsam zog die Sonne ihre Bahn am gewaltigen Himmelsgewölbe, und im gleichen Rhythmus, in dem die Schatten von den schwarzen Felsen, die über seiner Höhle aufragten, verschwanden, regelte der Eremit seine Zeiten für Gebete und Meditationen. Es gab nichts, was seinen Blick auf sich zog oder ihn ablenkte, denn die grasbewachsene Ebene unter ihm veränderte sich im Laufe der Monate ebensowenig wie der Himmel über ihm. So vergingen die langen Stunden, bis die Sonne als roter Ball hinter dem Horizont versank und der Tag mit der gleichen perlgrauen Dämmerung endete, mit der er begonnen hatte. Einmal umkreisten zwei Raben mehrere Tage lang den einsamen Hügel, und ein anderes Mal flatterte ein weißer Fischadler vom Dniester auf und kreischte hoch oben in den Lüften. Manchmal sah man auf der grünen Ebene rote Punkte – dort grasten die Antilopen –, und oft heulte ein Wolf in der Dunkelheit am Fuß des Berges. Das war das ereignislose Leben von Simon Melas, dem Einsiedler, bis der Tag des Zorns kam.

Es war im Spätfrühling des Jahres 375, als Simon mit einer Kürbisflasche in der Hand seine Höhle verließ, um Wasser von der Quelle zu holen. Die Dunkelheit war hereingebrochen, die Sonne war untergegangen, aber auf einem Felsengipfel gegenüber der Behausung des Eremiten lag noch ein letzter rosa Lichtschimmer. Als Simon unter seinem Felsvorsprung hervorkam, fiel ihm die Kürbisflasche aus der Hand, und er blieb stehen, ein Bild ungläubigen Staunens.

Auf dem gegenüberliegenden Gipfel stand ein Mann, ein schwarzer Umriß in dem verblassenden Licht. Er hatte eine seltsame, fast deformierte Gestalt – kleinwüchsig, bucklig, mit einem großen Kopf, ohne Hals und einem langen Stab, der zwischen seinen Schultern herausragte. Er reckte den Kopf, beugte sich vor und starrte angestrengt über die Ebene hinweg nach Westen. Einen Augenblick später war er verschwunden, und der einsame schwarze Gipfel zeichnete sich schroff und nackt vor dem schwachen östlichen Schimmer ab. Dann wurde es endgültig Nacht, und alles war wieder schwarz.

Simon Melas stand noch lange entgeistert da und fragte sich, wer der Fremde sein mochte. Wie jeder Christ hatte er von den bösen Geistern gehört, die die Eremiten in Thebais und am Rand der äthiopischen Wüste verfolgten. Das sonderbare Aussehen dieses einsamen Geschöpfs, sein dunkler Umriß und seine lauernde, gespannte Haltung, die eher an eine wilde, reißende Bestie erinnerten als an einen Menschen, all das ließ ihn zu dem Schluß kommen, daß er eine Ausgeburt der Hölle gesehen hatte, von deren Existenz er – wie es in jenen Tagen festen Glaubens üblich war – ebenso überzeugt war wie von seiner eigenen. Er verbrachte einen großen Teil der Nacht mit Beten und hatte den Blick die ganze Zeit auf den niedrigen Eingang seiner Höhle gerichtet, durch den der Himmel wie eine mit Sternen bestickte purpurfarbene Gardine aussah. Jeden Augenblick konnte ein sprungbereites Monster, irgendeine verdammte Seele hereinkommen! Er umklammerte leidenschaftlich sein Kruzifix, weil seine menschliche Schwäche ihn bei dem Gedanken zittern ließ. Aber schließlich war die Müdigkeit stärker als die Angst, und er sank auf sein Lager aus getrocknetem Gras und schlief, bis das helle Tageslicht ihn weckte.

Er war später aufgewacht als sonst, und die Sonne stand hoch am Himmel. Als er aus seiner Höhle kam, schaute er zum Gipfel des Felsens, aber der ragte leer und stumm in den Himmel. Er hatte bereits das Gefühl, daß die merkwürdige dunkle Gestalt, die ihn so erschreckt hatte, nur ein Traum gewesen war, ein Trugbild des Zwielichts. Seine Kürbisflasche lag noch dort, wo er sie fallengelassen hatte, und er hob sie auf und wollte zur Quelle gehen. Aber plötzlich wurde ihm etwas Neues bewußt. Ein Geräusch ließ die Luft vibrieren. Es kam von allen Seiten, grollend, unbestimmt, ein unartikuliertes Gemurmel, gedämpft, aber durchdringend. Es wurde lauter und leiser, hallte von den Felsen wider und erstarb zu einem Flüstern, aber es war die ganze Zeit da. Er schaute entgeistert zum blauen, wolkenlosen Himmel hinauf. Dann kletterte er hastig den felsigen Gipfel hinauf, kauerte sich in dessen Schatten zusammen und starrte auf die Ebene hinunter. Selbst in seinen wildesten Träumen hatte er sich nie einen solchen Anblick ausgemalt.

Auf der endlosen Weite wimmelte es von Reitern – Hunderten, Tausenden und Zehntausenden, die langsam und schweigend aus dem unbekannten Osten kamen. Das dröhnende Geräusch kam von dem Trommeln der vielen Pferdehufe. Einige ritten so dicht an ihm vorbei, daß er deutlich ihre mageren, drahtigen Pferde und die sonderbaren, buckligen Gestalten der finsteren Reiter sehen konnte. Sie saßen vorgebeugt auf dem Widerrist – unförmige Bündel. Ihre kurzen Beine hingen regungslos hinunter, und sie saßen so sicher im Sattel, als seien sie mit dem Pferd verwachsen. Bei denen, die ihm am nächsten kamen, sah er den Bogen und den Köcher, den langen Speer, das kurze Schwert und das hinter dem Reiter aufgerollte Lasso – all das sagte ihm deutlich, daß dies keine harmlose Gruppe von Wanderern war, sondern eine schlagkräftige Armee auf dem Kriegspfad.

Sein Blick schweifte weiter, aber selbst am Horizont, der unter den Pferdehufen bebte, war kein Ende dieses gewaltigen Aufmarsches in Sicht. Der Anführer hatte die Felsen, auf denen Simon kauerte, schon lange hinter sich gelassen, und nun begriff Simon, daß die Armee Lotsen hatte, die die Route vorgaben, und daß die Gestalt, die er gestern abend gesehen hatte, einer von ihnen gewesen war.

Den ganzen Tag kauerte der Eremit – fasziniert von diesem phantastischen Anblick – im Schatten der Felsen, und den ganzen Tag wogte die Flut von Reitern über die Ebene hinweg. Simon hatte die überfüllten Quais von Alexandria gesehen, er hatte beobachtet, wie eine wütende Menge das Hippodrom von Konstantinopel belagert hatte, aber nie hatte er sich einen solchen Massenansturm träumen lassen, der vom östlichen Horizont kam, dem bisherigen Ende seiner Welt. Manchmal mischten sich Trauben von Zuchtstuten und Fohlen, die von berittenen Hirten angetrieben wurden, in den dichten Strom von Reitern, ab und zu waren Viehherden darunter, gelegentlich sah eine Reihe von Leiterwagen, bedeckt mit Tierhäuten; aber nach jeder Unterbrechung kamen wieder die Reiter, die Reiter zu Hunderten, Tausenden und Zehntausenden, die langsam, unaufhörlich und leise von Osten nach Westen zogen. Der lange Tag ging vorüber, das Licht schwand, und die Schatten wurden länger, aber noch immer wälzte sich die riesige Lawine an ihm vorüber.

Aber die Nacht brachte eine neue und noch seltsamere Szenerie. Simon waren zusammengeschnürte Bündel von Holzscheiten auf den Rücken vieler bepackter Pferde aufgefallen, und nun sah er, wozu sie gebraucht wurden. Auf der ganzen Ebene glühten rote Punkte in der Dunkelheit, die zu riesigen Flammen aufloderten. So weit sein Auge reichte, erstreckten sich Feuer nach Osten und Westen, bis nur kleine Lichtpunkte in weiter Ferne zu erkennen waren. Weiße Sterne leuchteten oben am endlosen Himmel, rote auf der riesigen Ebene unten. Und von allen Seiten ertönte das leise, unzusammenhängende Gemurmel von Stimmen, das Muhen von Ochsen und das Wiehern von Pferden.

Simon war Soldat und Geschäftsmann gewesen, bevor er der Welt entsagt hatte, und ihm war klar, was all das bedeutete. Die Geschichte hatte ihn gelehrt, wie das Römische Reich immer wieder von neuen Barbarenhorden angegriffen worden war, die aus der Dunkelheit der Außenwelt gekommen waren, und daß das Byzantinische Kaiserreich in den fünfzig Jahren seiner Existenz, seit Konstantin die Hauptstadt der Welt an das Ufer des Bosporus verlegt hatte, bereits in gleicher Weise heimgesucht worden war. Gepiden und Herulianer, Ostgoten und Sarmatianer – er kannte sie alle. Was er als Wachposten am äußersten Rand von Europa gesehen hatte, war eine neue Horde gewesen, die in das Reich einfiel und sich von den anderen nur durch ihre ungeheure, unglaubliche Größe und durch den seltsamen Anblick ihrer Krieger unterschied. Er war der einzige aller zivilisierten Menschen, der von dem Ansturm dieses furchtbaren Schattens wußte, der wie eine riesige Gewitterwolke aus den unbekannten Tiefen des Ostens angeflogen kam. Er dachte an die kleinen römischen Wachposten am Dniester, an die verfallene dakische Mauer des Trajanus dahinter und zuletzt an die schutzlosen Dörfer, die über das ganze Land bis hin zur Donau verstreut waren und nichts von der Gefahr ahnten. Wenn er nur Alarm schlagen könnte! War das nicht vielleicht genau der Grund, aus dem Gott ihn in die Wildnis geführt hatte?

Dann fiel ihm plötzlich sein arianischer Nachbar wieder ein, der in der Höhle unter ihm hauste. Während des letzten Jahres hatte er ein- oder zweimal seine großgewachsene, gebückte Gestalt gesehen – er war durch die Gegend gehumpelt, um nach den Fallen zu sehen, die er für Wachteln und Rebhühner aufgestellt hatte. Einmal hatten sie sich am Fluß getroffen, aber der alte Theologe hatte so angewidert abgewunken, als sei er ein Aussätziger. Was hielt er von diesem sonderbaren Ereignis? In so einem Moment würden ihre Meinungsverschiedenheiten sicher vergessen sein. Er schlich den Hügel hinab und machte sich auf den Weg zur Höhle des anderen Eremiten.

Aber als er ankam, empfing ihn eine furchtbare Stille – eine tödliche Stille hing über dem kleinen Tal, bei der ihm das Herz sank. Durch die Felsenspalte drang kein Lichtschimmer. Er ging hinein und rief nach dem Eremiten, aber es kam keine Antwort. Dann zündete er mit Feuerstein, Stahl und dem getrockneten Gras, das er als Zunder benutzte, eine kleine Flamme an und blies hinein, um sie anzufachen. Der alte Eremit lag, Arme und Beine von sich gestreckt, auf dem Boden, aus seinem weißen Haar sickerte Blut. Er war übersät von den Splittern des Kruzifixes, mit dem man ihm den Schädel eingeschlagen hatte. Simon war neben ihm auf die Knie gefallen, rückte seine verrenkten Glieder zurecht und murmelte das Gebet für die Toten, als er das Geräusch von Pferdehufen hörte, das sich der Höhle des Eremiten näherte. Das Licht, das er angezündet hatte, war erloschen, und Simon kauerte sich zitternd in der Dunkelheit zusammen und betete zur Jungfrau, daß ihn seine Kräfte nicht verlassen würden.

Vielleicht hatte der Neuankömmling den Lichtschein gesehen. Vielleicht hatten er auch seine Kameraden von dem alten Mann erzählt, den sie umgebracht hatten, und seine Neugier führte ihn zu dieser Stelle. Er brachte sein Pferd vor der Höhle zum Stehen, und Simon, der ihn aus seinem Versteck beobachtete, konnte ihn im Mondlicht gut sehen. Er glitt aus dem Sattel, befestigte die Zügel an einem Baumstamm und blieb dann in der Öffnung der Höhle stehen und blinzelte hinein. Es war ein sehr kleiner, dicker Mann mit dunklem Gesicht, das auf jeder Wange drei Schnittwunden aufwies. Er hatte kleine, tiefliegende Augen, die in dem aufgedunsenen, platten und bartlosen Gesicht wie schwarze Löcher aussahen. Seine Beine waren kurz und sehr krumm, so daß er beim Gehen auf unschöne Weise watschelte.

Simon drückte sich in die dunkelste Ecke und umklammerte den knotigen Knüppel, den der tote Theologe einst drohend gegen ihn erhoben hatte. Als der widerliche Stiernacken in die Dunkelheit der Höhle lugte, ließ er den Knüppel mit der ganzen Kraft seines rechten Armes hinabsausen, und als der getroffene Wilde vornüber fiel, schlug er wie ein Wahnsinniger wieder und wieder zu, bis die unförmige Gestalt schlaff und regungslos dalag. Die beiden ersten Gefallenen Europas und Asiens lagen unter einem Dach.

Simons Adern pulsierten; er fühlte sich euphorisch nach der ungewohnten Aktivität. All die Energie, die sich in den Jahren des Rückzugs aufgestaut hatte, war in diesem Augenblick höchster Not ausgeströmt. Als er in der Dunkelheit der Höhle stand, sah er – wie auf einer Landkarte aus Feuer – die riesige Anzahl dieser feindlichen Barbaren, den Verlauf des Flusses, die Position der aufgeschlagenen Lager und was sie warnen würde. Schweigend wartete er im Schatten, bis der Mond untergegangen war. Dann schwang er sich auf das Pferd des toten Mannes, ritt den Abhang hinunter und preschte dann im Galopp über die Steppe.

Überall brannten Feuer, aber er schaffte es, dem Lichtschein auszuweichen. Bei jedem Feuer sah er im Vorbeireiten den Kreis schlafender Krieger und lange Reihen angebundener Pferde. Das riesige Lager erstreckte sich Meile um Meile. Aber dann erreichte er endlich die offene weite Landschaft, die zum Fluß führte, und die Feuer der Eindringlinge waren nur noch als mattes Schwelen vor dem schwarzen Himmel im Osten zu erkennen. Schneller und schneller jagte er über die Steppe, wie ein einzelnes flatterndes Blatt, das vom Sturm vorangewirbelt wird. Dann lichtete sich der Himmel hinter ihm und spiegelte sich in dem breiten Fluß vor ihm, und er peitschte sein müdes Pferd durch das flache Wasser, bis es sich in die gelben Fluten stürzte.

So kam es, daß der junge römische Zenturio Caius Crassus auf seiner Morgenrunde im Fort von Tyras einen einsamen Reiter sah, der vom Fluß aus auf ihn zuritt. Erschöpft, vom Wasser durchnäßt, schweißgebadet und über und über mit Schlamm bespritzt, waren Pferd und Reiter am Ende ihrer Kräfte. Entgeistert sah der Römer sie näherkommen und erkannte in der zerlumpten, schwankenden Gestalt mit den fliegenden Haaren und den aufgerissenen Augen den Eremiten aus der Wüste im Osten. Er lief ihm entgegen und fing ihn auf, als er aus dem Sattel sank.

„Was ist denn los?“ fragte er. „Was bringst du für Neuigkeiten?“

Aber der Eremit konnte nur auf die aufgehende Sonne zeigen. „Zu den Waffen!“ krächzte er. „Zu den Waffen! Der Tag des Zorns ist gekommen!“ Und als er sich umschaute, sah der Römer – in weiter Ferne jenseits des Flusses – einen großen dunklen Schatten, der sich langsam vorwärtsbewegte.

Die letzte Legion

Der römische Statthalter Pontus saß im Atrium seiner Villa an der Themse und starrte entgeistert auf den Bogen Papyrus, den er soeben entrollt hatte.

Vor ihm stand der Bote, der die Papyrusrolle gebracht hatte – ein dunkelhäutiger, kleingewachsener Italiener, die schwarzen Augen glanzlos vor Müdigkeit und die olivfarbenen Gesichtszüge noch dunkler durch Staub und Schweiß.

Der Statthalter starrte ihn an, ohne ihn zu sehen – seine Gedanken galten nur diesem plötzlichen und völlig unerwarteten Befehl. Ihm war, als habe man ihm den Boden unter den Füßen weggezogen. Sein Leben und alles, was er erreicht hatte, waren unwiderruflich zerstört.

„Sehr gut“, sagte er schließlich tonlos, „du kannst gehen.“

Der Mann salutierte und verließ auf wackligen Beinen die Halle.

Ein blonder britischer Majordomus kam zu ihm und wartete auf Anordnungen.

„Ist der General da?“

„Er wartet, Exzellenz.“

„Dann bringe ihn herein und laß uns allein.“

Ein paar Minuten später war Licinius Crassus, der Oberbefehlshaber des britischen Militärs, bei seinem Herrn. Er war ein großer Mann mit Bart und trug eine weiße Toga mit dem purpurfarbenen Saum der Patrizier.

Sein herbes kühnes Gesicht, auf dem Wind und Wetter und die langen Jahre des Krieges in Afrika ihre Spuren hinterlassen hatten, wurde von Besorgnis überschattet, als er das zerfurchte Gesicht des Statthalters mit fragenden Blicken musterte.

„Ich fürchte, Exzellenz, daß du schlechte Nachrichten aus Rom hast.“

„Die allerschlimmsten, Crassus. Es ist aus mit Britannien. Vielleicht können wir nicht einmal Gallien halten.“

„Der heilige Albus stehe uns bei! Sind die Befehle eindeutig?“

„Hier sind sie, mit dem Siegel des Kaisers.“

„Aber warum? Ich habe ein Gerüchte gehört, aber es kam mir unglaubwürdig vor.“

„Ich auch, erst letzte Woche, und ich habe den Kerl, der es verbreitet hat, auspeitschen lassen. Aber hier steht es unmißverständlich: ‚Bringt jeden Mann der Legionen so schnell wie möglich her, um dem Reich zu helfen. Laßt nicht einmal eine Kohorte in Britannien zurück.‘ Das ist mein Befehl.“

„Aber was ist der Grund?“

„Sie hacken die Arme und Beine ab, um das Herz zu stärken. In dem alten Wespennest Germanien summt es wieder gewaltig. Es sind neue Horden von Barbaren aus Dakien und Skythien unterwegs. Jedes Schwert wird gebraucht, um die Alpenpässe unter Kontrolle zu halten. Sie können nicht drei Legionen in Britannien versauern lassen.“

Der Soldat zuckte die Achseln.

„Wenn die Legionen abziehen, fühlt sich hier kein Römer mehr sicher. Was wir auch getan haben, es ist nun einmal nicht unser Land, und wir halten es ebenso in Schach, wie wir es erobert haben – mit dem Schwert!“

„Ja, jeder Mann, jede Frau und jedes Kind von römischem Blut muß uns nach Gallien folgen. Die Galeeren warten schon am Portus Dubris. Erlaß sofort die Befehle, Crassus. Da sich die Legion des Valerius vom Hadrianswall zurückzieht, kann sie die Siedler aus dem Norden mitnehmen. Die Jovianer können die Leute aus dem Westen eskortieren und die Bataver die aus dem Osten, wenn sie in Camboricum versammelt sind. Du wirst es organisieren.“ Er schlug für einen Moment die Hände vors Gesicht. „Es ist eine furchtbare Sache“, sagte er, „die Wurzeln eines so prächtigen Baumes auszureißen.“

„Um dem Unkraut Platz zu machen!“ sagte der Soldat bitter. „Mein Gott, wie wird es mit diesen armen Briten enden! Es gibt weit und breit keinen Stamm, der seinen Nachbarn nicht an die Gurgel gehen wird, sobald der letzte römische Liktor ihnen den Rücken gekehrt hat. Diese hitzköpfigen Silurer hält man nur schwer davon ab, gleich die Schwerter zu zücken.“

„Die Meute wird sich bekämpfen, bis der bis der beste Hund gewonnen hat“, sagte der römische Gouverneur. „Wenn der Sieger wenigstens die Kultur und die Religion bewahren würde, die wir ihnen gebracht haben, und Britannien ein geeintes Land würde! Aber nein – der Bär aus dem Norden und die Wölfe aus Übersee, der Wilde, der in voller Kriegsbemalung hinter der Mauer lauert, und der sächsische Pirat vom anderen Meeresufer werden unsere Nachfolge antreten. Wo wir Milde haben walten lassen, werden sie massakrieren, was wir gebaut haben, werden sie niederbrennen, und was wir gepflanzt haben, werden sie zertrampeln. Aber die Würfel sind gefallen, Crassus. Du wirst die Befehle ausführen.“

„Ich werde die Boten innerhalb einer Stunde aussenden. Gerade heute morgen habe ich erfahren, daß die Barbaren durch die alte Lücke in der Mauer gedrungen sind – und einige von ihnen sind schon bis Vinovia gekommen.“ Der Gouverneur zuckte die Achseln. „Diese Dinge gehen uns nichts mehr an“, sagte er. Dann verzog sich sein glattrasiertes Gesicht mit der gebogenen Nase zu einem bitteren Lächeln. „Was glaubst du, wer heute morgen zur Audienz zu mir gekommen ist?“

„Nein, ich weiß nicht.“

„Caradoc und Regnus – und Celticus, der Ikener, die, wie soviele von den reicheren Briten, in Rom erzogen wurde und die mir ihre Pläne zur Regierung dieses Landes vorlegen wollten.“

„Und was haben sie für einen Plan?“

„Daß sie es selber regieren sollten.“ Der römische Soldat lachte. „Nun ja, sie werden ihren Willen bekommen“, sagte er, salutierte und drehte sich auf dem Absatz um. „Auf Wiedersehen, Exzellenz. Es kommen harte Tage auf uns zu.“

Eine Stunde später wurde die britische Abordnung zum Gouverneur geführt. Es waren gute, standfeste Männer, die sich aus vollem Herzen und mit einigem Risiko für sich selbst der Sache ihres Landes angenommen hatten, soweit sie es beurteilen konnten. Dabei wußten sie genau, daß sie unter Roms milder und wohlwollender Regierung nur dann um Kopf und Kragen fürchten mußten, wenn sie ihren Worten Taten folgen ließen. Nun standen sie ernst und etwas verlegen vor dem Thron des Statthalters. Celticus war ein dunkelhäutiger kleiner Iberer mit schwarzem Bart. Caradoc und Regnus waren hochgewachsene Männer mittleren Alters mit der hellen Haut und dem flachsblonden Haar der Briten. Alle drei waren in nach römischer Mode drapierte gelbe Togen gekleidet, im Gegensatz zu ihren urwüchsigeren Landsleuten, die weite Hosen und Tuniken trugen.

„Also?“ fragte der Gouverneur.

„Wir sind hier“, sagte Celticus selbstsicher, „als Vertreter vieler unserer Landsmänner, um durch dich unsere Petition an den Kaiser und den römischen Senat zu übermitteln, daß wir dieses Land nach unseren eigenen alten Sitten regieren dürfen.“

Er hielt inne, als erwarte er ein heftiges Aufbrausen als Reaktion auf seine Unverfrorenheit, aber der Gouverneur nickte nur zum Zeichen, daß er fortfahren sollte.

„Wir hatten unsere eigenen Gesetze, bevor Cäsar einen Fuß nach Britannien gesetzt hatte, die ihren Zweck erfüllt haben, seit unsere Vorväter aus dem Land Ham gekommen sind. Wir sind kein neugeborenes Kind unter den Völkern, unsere Geschichte und unsere eigenen Traditionen reichen weit zurück – sogar weiter zurück als die römischen, und wir haben genug von dem Joch, das ihr uns aufgebürdet habt."

„Sind unsere Gesetze nicht gerecht?" fragte der Gouverneur.

„Cäsars Gesetzbuch ist gerecht, aber es ist und bleibt Cäsars Codex. Unsere eigenen Gesetze wurden für unseren Gebrauch geschaffen, und wir wollen sie wieder einführen."

„Du sprichst Latein, als seist du in Rom aufgewachsen, du trägst eine römische Toga, dein Haar ist nach römischer Mode frisiert – sind das nicht die Gaben von Rom?"

„Auch wenn wir alle Bildung und die ganze Kultur von Rom oder Griechenland übernehmen würden, wären wir immer noch Briten und wollen von Briten regiert werden."

Der Statthalter lächelte. „Beim Kreuz der heiligen Helena!" sagte er, „wenn du so mit meinen heidnischen Vorfahren gesprochen hättest, wäre es vorbei mit deiner politischen Laufbahn! Daß du es gewagt hast, mir so etwas ins Gesicht zu sagen, ist ein eindeutiger Beweis für die Milde unserer Herrschaft. Aber ich möchte einen Moment mit dir über dieses Gesuch debattieren. Du weißt sehr gut, daß dieses Land niemals ein einziges Königreich war, sondern immer von vielen Häuptlingen und Stämmen beherrscht wurde, die sich gegenseitig bekriegt haben. Wünscht ihr euch diese Zustände allen Ernstes zurück?"

„Das war in der üblen heidnischen Zeit – der Zeit der Druiden und ihrer Rituale mit Eichen und Mistelzweigen. Aber jetzt vereint uns das Evangelium des Friedens."

Der Statthalter schüttelte den Kopf. „Wenn die ganze Welt so denken würde, wäre es einfacher", sagte er. „Es kann passieren, daß diese gesegnete Lehre vom Frieden euch wenig nützen wird, wenn ihr starken Männern Auge in Auge gegenübersteht, die immer noch dem Gott des Krieges huldigen. Was würdet ihr gegen die Pikten im Norden tun?"

„Exzellenz weiß, daß viele der tapfersten Legionäre britischer Abstammung sind. Die werden uns verteidigen."

„Aber was ist mit der Disziplin, Mann, mit der Befehlsgewalt, strategischen Kenntnissen und Kraft – an diesen Dingen würdet ihr scheitern! Ihr habt euch zu lange auf Krücken gestützt."

„Die Zeiten sind hart, aber wenn wir sie überstanden haben, wird Britannien wieder zu sich selbst finden."

„Nein, es wird sich unter einem anderen und viel strengeren Herrscher wiederfinden", sagte der Römer. „Schon jetzt machen die Piraten die Ostküste unsicher. Wären wir nicht an der angelsächsischen Küste, würden sie morgen landen. Ich sehe tatsächlich den Tag kommen, an dem Britannien geeint sein wird, aber das wird daran liegen, daß ihr und eure Leute entweder tot oder in die Berge des Westens geflohen seid. Alles wandert in den Schmelztiegel, und wenn dabei ein besseres Albion herauskommt, dann erst nach Jahrzehnten voller Mühe, und weder ihr noch eure Landsleute werdet etwas davon haben."

Regnus, der große Kelte, lächelte. „Mit Gottes Hilfe und unseren ausgezeichneten Waffen dürfen wir auf einen besseren Ausgang hoffen", sagte er. „Gebt uns nur eine Chance, und wir werden auch das Schlimmste überstehen."

„Ihr seid verloren“, sagte der Statthalter traurig. „Ich sehe dieses weite Land mit seinen Gärten und Obstplantagen, seinen schönen Villen und seinen intakten Stadtmauern und Straßen – das ist alles Roms Werk! Es wird sich in nichts auflösen wie ein Traum, und die dreihundert Jahre Ruhe und Ordnung werden keine Spur hinterlassen. Denn nehmt zur Kenntnis, daß euer Wunsch in Erfüllung geht und ich heute den Befehl bekommen habe, daß die Legionen abziehen.“

Die drei Briten sahen einander entgeistert an. Ihre erste Regung war überschwengliche Freude, die jedoch sofort in Nachdenklichkeit und Zweifel umschlug.

„Das sind wirklich wunderbare Neuigkeiten!“ sagte Celticus. „Das ist ein glorreicher Tag für das Vaterland! Wann ziehen die Legionen ab, Exzellenz, und welche Truppen bleiben zu unserem Schutz zurück?“

„Die Legionen ziehen sofort ab“, sagte der Statthalter. „Ihr werdet euch zweifellos freuen, daß innerhalb eines Monats kein einziger römischer Soldat mehr auf der Insel sein wird, ja, nicht einmal mehr irgendein Römer, gleich welchen Alters oder Geschlechts, wenn ich es schaffe, sie alle mitzunehmen.“

Die Mienen der Briten verfinsterten sich, und Caradoc, ein ernster und nachdenklicher Mann, äußerte sich zum ersten Mal.

„Aber das kommt sehr plötzlich, Exzellenz“, sagte er. „Was du über die Piraten gesagt hast, hat Hand und Fuß. Von meiner Villa beim Fort von Anderida aus habe ich erst letzte Woche achtzig ihrer Galeeren gesehen, und mir ist klar, daß sie sich auf uns stürzen würden wie Raben auf einen sterbenden Ochsen. Wir werden es auch in ferner Zukunft nicht schaffen, sie uns vom Leib zu halten.“

Der Statthalter zuckte die Schultern. „Das ist jetzt eure Sache“, sagte er. „Rom hat genug mit sich selbst zu tun.“

Die letzten Spuren von Freude waren aus den Gesichtern der Briten gewichen. Plötzlich stand ihnen die Zukunft glasklar vor Augen, und sie zitterten beim Gedanken daran.

„Auf dem Marktplatz ist ein Gerücht in Umlauf“, sagte Celticus, „daß die Barbaren aus dem Norden durch die Lücke im Wall gedrungen sind. Wer soll sie aufhalten?“

„Ihr und eure Leute“, sagte der Römer.

Die Aussichten nahmen noch deutlichere Gestalt an, und in den Augen der Abgesandten war blankes Entsetzen zu lesen, als sie sich die Zukunft ausmalten.

„Aber Exzellenz, wenn die Legionen sofort abziehen, fallen die wilden Schotten in York ein – und die Wikingerboote werden die Themse verstopfen. Wir können unter eurem Schutz etwas aufbauen, und ein paar Jahren wäre es leichter für uns, aber nicht jetzt, Exzellenz, nicht jetzt.“

„Aber, aber, guter Mann! Ihr habt uns jahrelang in den Ohren gelegen und das Volk aufgewiegelt. Jetzt habt ihr, was ihr wolltet – was verlangt ihr noch? In einem Monat seid ihr frei wie eure Vorfahren, bevor Cäsar an eurer Küste gelandet ist.“

„Um Gottes willen, Exzellenz, vergiß, was wir gesagt haben. Wir waren zu voreilig. Wir werden Boten nach Rom schicken. Wir werden uns dem Kaiser zu Füßen werfen. Wir werden Hals über Kopf losreiten. Wir werden vor dem Senat niederknien und darum flehen, daß die Legionen bleiben.“

Der römische Prokonsul erhob sich von seinem Stuhl und machte mit einer Handbewegung deutlich, daß die Audienz beendet war.

„Macht, was ihr wollt“, sagte er. „Ich und meine Männer gehen nach Italien.“

Und es kam so, wie er gesagt hatte, denn noch bevor es Sommer geworden war, marschierten die Truppen auf dem Weg zu den ligurischen Pässen polternd die Via Aurelia hinunter, und jede Straße in Gallien war verstopft von den Wagen, in denen die römischen Flüchtlinge ihre beschwerliche Reise in ihr fernes Land antraten. Celticus jedoch war noch vor Ende des nächsten Sommers tot, denn er wurde von den Piraten bei lebendigem Leib gehäutet und seine Haut an eine Kirchentür bei Caistor genagelt. Auch Regnus war tot, denn man hatte ihn an einen Baum gefesselt und mit Pfeilen auf ihn geschossen, als die bemalten Männer kamen, um Isca zu verwüsten. Nur Caradoc war noch am Leben, aber er war Sklave unter Elda, dem roten Kaledonier, und seine Frau war die Geliebte Mordreds, des wilden Häuptlings der westlichen Kymren. Von der eingerissenen Mauer im Norden bis zu Vectis im Süden lag das schöne Land Britannien in Schutt und Asche. Und nach langer Zeit stieg es wie ein Phönix aus der Asche, aber die Prophezeiung des Römers bewahrheitete sich, denn weder die Briten noch ihre Nachfahren konnten wieder in den Besitz dessen gelangen, was sie bereits einmal besaßen.

Die erste Fracht

Ex ovo omnia[5]

Als Du Britannien mit Deiner Legion verlassen hast, mein lieber Crassus, habe ich versprochen, Dir gelegentlich zu schreiben, wenn ein Bote zufällig auf dem Weg nach Rom sein sollte, und Dich über alles Interessante auf dem laufenden zu halten, was in diesem Land passiert.

Persönlich bin ich sehr froh, zurückgeblieben zu sein, als die Truppen und viele unserer Bürger das Land verlassen haben. Die Lebensverhältnisse sind zwar unkomfortabel, und das Klima ist höllisch, aber ich habe trotz aller Widrigkeiten drei Reisen an die Ostsee unternommen, um Bernstein zu bekommen, und dank der ausgezeichneten Preise, die ich hier dafür erzielt habe, werde ich bald in der Lage sein, mich zur Ruhe zu setzen und meine alten Tage unter meinem eigenen Feigenbaum zu verbringen oder vielleicht sogar ein kleines Landhaus in Baiä oder Posuoli zu kaufen, wo mich ein schönes Sonnenbad für den endlosen Nebel dieser verwünschten Insel entschädigen wird.

Ich sehe mich schon auf einem kleinen Bauernhof und lese zur Einstimmung die Georgica, aber wenn ich den Regen plätschern und den Sturm heulen höre, scheint Italien sehr weit weg zu sein.

In meinem letzten Brief habe ich Dir erzählt, wie es in

5 Alles kommt aus dem Ei.

diesem Land zugeht. Die armen Menschen, die während der Jahrhunderte unter unserem Schutz gar kein eigenes Militär mehr hatten, sind jetzt den Pikten und Schotten hilflos ausgeliefert – Barbaren in voller Kriegsbemalung, die aus dem Norden eingefallen sind, das Land überrannt haben und machen, was sie wollen. Solange sie im Norden geblieben sind, haben die Bewohner des Südens – die die Mehrheit der Briten ausmachen und am zivilisiertesten sind –, keine Notiz von ihnen genommen, aber jetzt sind die Wüstlinge bis London vorgedrungen, und die Träumer hier reiben sich die Augen.

Der König Vortigern hat nur Wein und Weiber im Kopf, und so hat er Gesandte an die Ostsee geschickt, um Nordgermanen ins Land zu holen – in der Hoffnung, sie würden kommen und ihm helfen. Es ist schlimm genug, einen Bären im Haus zu haben, aber ich halte es nicht für hilfreich, wenn man auch noch ein Wolfsrudel hineinläßt.

Aber ihm fiel nichts Besseres ein, und so wurde eine Einladung geschickt und sofort angenommen. Und hier hat Dein bescheidener Freund seinen Auftritt. Während meines Bernsteinhandels habe ich die angelsächsische Sprache gelernt und wurde daher in aller Eile an die Küste von Kent geschickt, um unsere neuen Verbündeten in Empfang zu nehmen.

Ich kam genau an dem Tag an, als ihr erstes Schiff einlief, und möchte Dir von meinen Erlebnissen erzählen. Mir ist vollkommen klar, daß die Ankunft dieser kriegerischen Germanen in England sich als historisch wichtiges Ereignis erweisen wird, und daher wird es Dich bei Deinem Wissensdurst nicht langweilen, wenn ich ins Detail gehe.

Es war also am Tag des Merkurs, direkt nach Christi Himmelfahrt. Ich begab mich zum Südufer der Themse, wo der Fluß in die Nordsee mündet. Dort liegt eine Insel namens Thanet, die für die Ankunft unserer Besucher vorgesehen war. Ich war kaum eingetroffen, als ein großes rotes Schiff, offenbar das erste von dreien, sich mit gesetzten Segeln näherte. Eine Flagge mit einem weißen Pferd – dem Emblem dieser Vagabunden – flatterte am höchsten Mast, und das Schiff schien voller Menschen zu sein.

Die Sonne schien, und das feuerrote Schiff mit den schneeweißen Segeln und einer Reihe glänzender Schilde an der Seite gab auf der endlosen Weite der blauen See ein wunderschönes Bild ab.

Ich bestieg sofort ein Boot, denn man hatte vereinbart, daß keiner der Angelsachsen britischen Boden betreten sollte, bevor der König eingetroffen war, um mit ihren Anführern zu verhandeln. Ich schaute aus dem Boot zu dem Schiff auf, dessen Bug mit einem goldenen Drachen geschmückt war und das an jeder Seite eine Reihe von Rudern hatte, und sah eine Phalanx helmtragender Köpfe auf mich herunterblicken. Unter ihnen entdeckte ich zu meiner freudigen Überraschung Eric den Schwarzen, mit dem ich jedes Jahr in Venta Geschäfte mache. Er begrüßte mich herzlich, als ich das Deck betrat, und wurde sofort mein Freund und Berater. Das half mir sehr im Umgang mit diesen Barbaren, denn sie sind von Natur aus sehr kühl und abweisend, es sei denn, man hat einen Fürsprecher unter ihren eigenen Leuten – dann sind sie sehr herzlich und gastfreundlich.

Allerdings fällt es ihnen trotz aller Mühe schwer, eine gewisse Herablassung und Verachtung zu verbergen, wenn sie mit einem Fremden zu tun haben.

Es war ein großer Glücksfall, Eric zu treffen, denn er konnte mir einen Überblick über die Verhältnisse geben, bevor ich Kenna vorgestellt wurde, dem Kapitän dieses Schiffs. Von ihm erfuhr ich, daß die Besatzung ausschließlich aus drei Stämmen beziehungsweise Familien bestand – denen von Kenna, Lanc und Hasta. Jeder dieser Stämme trägt den Namen seines Häuptlings mit der Nachsilbe „ing“; also nennen sich die Leute an Bord Kennings, Lancings und Hastings. Mir ist an der Ostsee aufgefallen, daß die Dörfer nach der Familie der Bewohner benannt waren, jedes für sich, und ich habe keinen Zweifel, daß Siedlungen mit solchen Namen zwischen den britischen Städten entstehen werden, wenn diese Leute hier Fuß fassen.

Die meisten der Männer waren stämmige Kerle mit rotem, blondem oder braunem Haar, letzteres war am häufigsten vertreten. Zu meiner Überraschung sah ich mehrere Frauen unter ihnen. Eric antwortete auf meine Nachfrage, daß sie immer ihre Frauen mitnähmen, wenn es sich irgendwie einrichten ließe, und sie nicht etwa als lästig betrachteten, wie es unsere römischen Damen gewesen wären, sondern als Gefährtinnen und Ratgeberinnen. Natürlich erinnerte ich mich hinterher daran, daß unser ausgezeichneter und sehr zuverlässiger Tacitus diese Eigenheit der Germanen erwähnt hat. Alle Gesetze der Stämme werden per Abstimmung entschieden. Die Frauen haben noch kein Stimmrecht, aber viele sind dafür, und man nimmt an, daß Frauen und Männer bald die gleiche Macht im Staat haben werden, obwohl viele Frauen selbst dagegen sind. Ich sagte zu Eric, es sei ein Glück, daß mehrere Frauen an Bord seien und sie einander Gesellschaft leisten könnten, aber er erwiderte, daß die Frauen der Häuptlinge kein Interesse daran hätten, sich mit den Frauen der untergeordneten Offiziere abzugeben und daß sich beide Gruppen von den einfacheren Frauen abschotteten. An persönliche Kontakte wäre also nicht zu denken. Während er sprach, wies er auf Editha, Kennas Frau, eine Matrone mit rotem Gesicht, die zwischen den anderen herumstolzierte, die Nase hoch in der Luft, und keinerlei Notiz von ihnen nahm.

Während ich mit meinem Freund Eric sprach, brach an Deck plötzlich ein Tumult aus. Viele unterbrachen ihre Arbeit und eilten in Scharen zum Ort des Geschehens; ihre Gesichter verrieten deutlich, daß die Sache sie sehr interessierte. Eric und ich bahnten uns unter Einsatz der Ellbogen einen Weg durch die Menschenmenge, denn ich wollte soviel wie möglich von den Sitten und Gebräuchen dieser Barbaren zu sehen bekommen. Es gab Streit über ein Kind, einen kleinen Jungen mit blauen Augen und blondem lockigen Haar, der das Aufhebens um seine Person offensichtlich sehr unterhaltsam fand. Links und rechts von ihm standen ein alter Mann, eine majestätische Erscheinung mit weißem Bart, der mit seinem Gebaren deutlich machte, daß er Anspruch auf den Jungen erhob, und ein magerer, ernster und aufgeregter Zeitgenosse, der heftig dagegen protestierte, daß man ihm den Jungen wegnahm. Eric flüsterte mir zu, daß der alte Mann der Hohepriester des Stammes und für die Opfergaben für ihren großen Gott Wotan zuständig war, und daß der Dünne eine andere Meinung vertrat – nicht über Wotan, sondern über die Art der Verehrung. Die Mehrheit der Besatzung war auf seiten des alten Priesters, aber einige wünschten sich mehr Freiheit bei der Ausübung ihrer Religion und wollten ihre eigenen Gebete einführen, statt ständig die offiziellen zu wiederholen. Sie schlugen sich auf die Seite des jüngeren Mannes. Die alte und tiefverwurzelte Kluft zwischen den Erwachsenen war nicht zu überbrücken, aber jeder hatte das dringende Bedürfnis, seine Ansichten den Kindern nahezubringen. Daran lag es, daß die beiden Männer jetzt so zornig aufeinander waren, und der Streit schaukelte sich so sehr hoch, daß einige ihrer jeweiligen Anhänger schon ihr kurzes Sax gezogen hatten – das Messer, dem das Volk seinen Namen verdankt. Da bahnte sich ein kräftiger rothaariger Mann rücksichtslos seinen Weg durch das Gedränge und brachte die Streithähne mit Donnerstimme zum Schweigen.

„Ihr Priester mit euren Disputen über Dinge, die kein Mensch wissen kann, macht uns mehr Ärger als alle Gefahren auf See“, rief er. „Könnt ihr euch nicht einfach damit zufriedengeben, Wotan zu verehren, worin wir uns alle einig sind, und euch nicht wegen der Kleinigkeiten zu zerstreiten, über die wir unterschiedlicher Meinung sind? Wenn ihr solches Theater wegen der religiösen Erziehung von Kindern macht, dann werde ich euch beiden verbieten, sie zu unterrichten, und sie müssen sich mit dem begnügen, was sie von ihren Müttern lernen."

Die beiden zornigen Lehrmeister stiefelten mit unzufriedenen Gesichtern davon, und Kenna – denn er war es, der sprach – befahl, die Besatzung mit einem Pfeifensignal zusammenzurufen. Mir gefiel die Ungezwungenheit dieser Leute, denn obwohl Kenna ihr oberster Häuptling war, zeigten sie nichts von der Unterwürfigkeit, mit der Legionäre einem Prätor begegnen, sondern sprachen auf Augenhöhe mit ihm und stellten ihr eigenes Licht nicht unter den Scheffel.

Nach römischen Maßstäben erwies er sich bei den Worten, die er an seine Männer richtete, nicht gerade als großer Rhetoriker, denn er verwendete keine Stilmittel oder Metaphern, aber dennoch war seine Ansprache kurz und aussagekräftig – jedenfalls für seine Zuhörer. Zunächst erinnerte er sie daran, daß sie ihre Heimat verlassen hatten, weil das Land überbevölkert war, und daß es keinen Sinn hatte, zurückzukehren, weil sie sich dort nirgendwo als freie und unabhängige Männer niederlassen konnten. Die Insel Britannien sei nur dünn besiedelt, und es bestünde die Aussicht, daß jeder von ihnen sich ein eigenes Heim schaffen könne.

Er sprach einige von ihnen mit Namen an und sagte: „Du, Whitta, wirst Whittingham gründen, und dich, Bucka, werden wir in Buckingham sehen, wo deine Kinder und Enkelkinder dich segnen werden für das weite Land, das sie deiner Tatkraft verdanken."

Er verlor kein Wort über Ruhm und Ehre, sagte jedoch, er erwarte, daß jedermann seine Pflicht tun werde. Daraufhin ließen alle ihre Schwerter auf ihre Schilde hinuntersausen, so daß die Briten am Strand es hören konnten. Dann fiel sein Blick auf mich, und er fragte, ob ich der Bote von Vortigern sei. Als ich bejahte, forderte er mich auf, mit in seine Kajüte zu kommen, wo Lanc und Hasta, die anderen Häuptlinge, schon auf den Beginn einer Ratssitzung warteten.

Stell dir das bitte bildlich vor, mein lieber Crassus – ich in einer sehr niedrigen Kajüte an einem Tisch mit diesen drei hünenhaften Barbaren. Alle trugen eine Art safrangelber Tunika unter ihren Kettenhemden. Ihre Helme, verziert mit Ochsenhörnern, hatten sie vor sich auf den Tisch gelegt. Wie die meisten angelsächsischen Häuptlinge waren sie rasiert, aber sie hatten langes Haar, und die gewaltigen hellblonden Schnurrbärte reichten bis zu den Schultern. Sie sind freundlich, langsam und etwas schwerfällig im Auftreten, aber ich kann mir gut vorstellen, daß ihr Zorn um so schlimmer ist, wenn er erst einmal ausbricht. Sie scheinen von Natur aus sehr pragmatisch und selbstsicher zu sein, denn sie überfielen mich sofort mit einer Unmenge von Fragen – zum Beispiel nach der Anzahl der Briten, den Rohstoffen des Königreichs, den Handelsbedingungen und ähnlichen Dingen. Dann begannen sie, über die Auskünfte zu diskutieren, die ich ihnen gegeben hatte, und waren bald so vertieft darin, daß es mir mehrmals so vorkam, als hätten sie meine Anwesenheit vergessen. Nach der Diskussion wurde alles durch Abstimmung entschieden; wer in der Minderheit war, gab jedesmal nach, wenn auch manchmal mit langem Gesicht. Ein mal drohte Lanc, der meistens anderer Meinung als die anderen war, sogar damit, die ganze Besatzung über die Angelegenheit abstimmen zu lassen. Sie waren sich nie einig, denn Kenna und Hasta strebten danach, die Macht der Angelsachsen zu vergrößern und Ruhm und Ansehen in den Augen der Welt zu gewinnen, doch Lanc war der

Meinung, daß sie sich weniger Gedanken über Eroberungen machen, sondern sich mehr um das Wohl ihrer Landsleute kümmern sollten. Trotzdem hatte ich den Eindruck, daß Lanc im Grunde der streitlustigste der drei war, weil er es sich nicht einmal in Friedenszeiten verkneifen konnte, sich mit seinen Brüdern anzulegen. Die beiden anderen schienen ihn nicht sehr zu mögen, denn sie waren sichtlich stolz auf ihre Stellung als Häuptling und legten Wert darauf, von ihrer Autorität Gebrauch zu machen, wobei sie sich immer wieder auf ihre hochwohlgeborenen Vorfahren beriefen, von denen sie sie geerbt hätten. Dagegen ergriff Lanc, obwohl er ebenso hochwohlgeboren war, bei jeder Gelegenheit die Partei der einfachen Leute und erklärte, daß die Interessen der Mehrheit wichtiger seien als die Privilegien einer Minderheit.

Mit einem Wort, Crassus: Wenn Du Dir einen Gracchus als Freibeuter und zwei Patrizier als Piraten verkleidet nebeneinander vorstellst, verstehst Du, wie die drei auf mich wirkten.

In ihrem Gespräch fiel mir eine Besonderheit auf, die mich sehr beruhigte. Ich mag diese Briten, mit denen ich einen so großen Teil meines Lebens verbracht habe, und wünsche ihnen alles Gute. Daher war es sehr erfreulich, festzustellen, daß diese Männer in ihrem Gespräch immer wieder betonten, nur das Beste für die Inselbewohner im Sinn zu haben. Jeder Gedanke an Eigennutz wurde beiseitegeschoben. Mir leuchtete nicht ein, wie sich diese Grundsätze mit der Rede vereinbaren ließen, in der Kenna jedem Mann an Bord hundert Hufe Land versprochen hatte. Aber als ich das erwähnte, reagierten die drei Häuptlinge sehr überrascht und gekränkt auf meinen Verdacht und erklärten überzeugend, daß die Briten ihren Schutz bräuchten und sie sie am besten unterstützen könnten, indem sie sich hier niederließen, denn so seien sie immer in der Nähe, wenn sie gebraucht würden.

Mit der Zeit, sagten sie, würden sie die Briten hoffentlich auf einen solchen Stand bringen, daß sie auf sich selbst aufpassen konnten. Lanc sprach mit einiger Beredsamkeit davon, wie edel die Mission sei, die sie auf sich genommen hatten, und die anderen klapperten zum Zeichen der Zustimmung mit ihren Metbechern (auf dem Tisch stand eine Kanne dieses unappetitlichen Gebräus).

Mir fiel auch auf, wie interessiert, ernst und intolerant diese Barbaren waren, wenn es um Religion ging. Vom Christentum hatten sie keine Ahnung. Sie wußten zwar, daß die Briten Christen waren, kannten aber deren Glaubensbekenntnis nicht. Ohne weitere Prüfung fanden sie es selbstverständlich, daß ihre Wotan-Verehrung völlig richtig sei und daß dieses andere Glaubensbekenntnis daher vollkommen falsch sein müsse. „Diese verdorbene Religion“, „dieser jämmerliche Aberglaube“ und „dieser traurige Irrweg“ waren die Ausdrücke, mit denen sie das Christentum bezeichneten. Statt Mitgefühl für Menschen zu zeigen, die in einer so ernsten Angelegenheit falschen Lehren aufgesessen waren, gerieten sie in Zorn und erklärten unmißverständlich, daß sie keine Mühe scheuen würden, die Leute zu bekehren. Und bei diesen Worten tasteten sie nach den Griffen ihrer langen Breitschwerter.

So, mein lieber Crassus, jetzt hast Du wahrscheinlich genug von mir und den Angelsachsen gehört. Ich habe Dir eine kurze Beschreibung dieser Menschen und ihrer Lebensweise gegeben. Seit ich diesen Brief begonnen habe, habe ich die beiden anderen Schiffe einlaufen sehen und bei den Menschen an Bord die gleichen Eigenschaften festgestellt. Daher bin ich sicher, daß diese Züge charakteristisch für dieses Volk sind. Abgesehen davon sind sie tapfer, robust und sehr beharrlich in allem, was sie anfangen. Im Vergleich dazu sind die Briten zwar wesentlich geistreicher, haben jedoch nicht die gleiche Zielstrebigkeit, weil ihr größerer Einfallsreichtum immer wieder neue

Wege findet und ihre Temperamentsausbrüche meist nicht folgenlos bleiben.

Als ich vom Deck des ersten angelsächsischen Schiffes aus die vielen Briten am Strand sah, die aufgeregt durcheinanderliefen, und sie mit den entschlossenen, schweigsamen Männern verglich, die neben mir standen, erschien es mir gefährlicher als je zuvor, solche Verbündeten ins Land zu lassen. Diese Empfindung war so stark, daß ich mich an Kenna wandte, der auch zum Strand hinüberschaute.

„Diese Insel wird euch gehören, noch bevor euer Auftrag erfüllt ist“, sagte ich.

Seine Augen funkelten. „Vielleicht“, sagte er. Dann besann er sich plötzlich, fand, daß er zuviel gesagt hatte und fügte hinzu: „Eine vorübergehende Besatzung – nichts weiter.“

Die Heimkehr

Im Frühling des Jahres 528 verkehrte eine kleine Brigg als Passagierfähre zwischen Chalcedon an der asiatischen Küste und Konstantinopel. An dem Morgen, um den es hier geht – es war der Tag des Heiligen Georg –, war das Boot überfüllt mit Ausflüglern, die in die große Stadt wollten, um an den religiösen Feiern teilzunehmen, mit denen das Fest des großen Märtyrers Artemius begangen wurde, eines der bedeutendsten Heiligen der orthodoxen Kirche. Der Tag war schön und die Brise nur leicht, so daß die Passagiere in ungetrübter Festtagsstimmung die vielen Sehenswürdigkeiten bewundern konnten, mit denen die größte und schönste Hauptstadt der Welt Reisende empfing.

Rechts von der Meerenge erstreckte sich die asiatische Küste, übersät mit weißen Dörfern und zahlreichen Villen, die inmitten der Wälder lagen. Die grünen Prinzeninseln, die sich wie Smaragde von dem saphirblauen Marmarameer abhoben, verstellten für einen Moment den Blick auf die Hauptstadt. Als die Brigg die Inseln umrundete, sprang den Reisenden die Stadt buchstäblich ins Auge, und auf dem überfüllten Deck war ein bewunderndes Raunen zu hören. Hundert Dächer und vergoldete Statuen glänzten in der Sonne, überragt von der prächtigen, schimmernden Kuppel der St.-Sophia-Kathedrale. Vor dem Hintergrund eines wolkenlosen Himmels sah es aus wie eine Traumstadt – zu filigran und zu überirdisch schön, um von dieser Welt zu sein.

Am Bug des kleinen Schiffes befanden sich zwei Reisende von ungewöhnlichem Aussehen. Der eine war ein bildschöner Junge von zehn oder zwölf Jahren, braungebrannt, mit scharfgeschnittenem Gesicht, dunklen lockigen Haaren und lebhaften schwarzen Augen, in denen Intelligenz und Lebensfreude funkelten. Der andere war ein älterer Mann, hohlwangig und mit grauem Bart, dessen strenge Gesichtszüge sich aufhellten, als er sah, mit welch freudiger Aufregung und Spannung sein junger Begleiter die wunderschöne Stadt in der Ferne und die vielen Schiffe, die sich in der Meerenge drängten, betrachtete.

„Seht nur! Seht nur!“ rief der Junge. „Schaut Euch die großen roten Schiffe an, die aus dem Hafen auslaufen. Das sind sicher die größten Schiffe der Welt, Eure Heiligkeit!“

Der alte Mann, der der Abt des St.-Nicephorus-Klosters in Antiochia war, legte dem Jungen die Hand auf die Schulter.

„Sei vorsichtig, Leon, und sprich nicht so laut, denn bis wir bei deiner Mutter sind, sollten wir uns zurückhalten. Diese roten Galeeren sind wirklich riesengroß, denn es sind die kaiserlichen Kriegsschiffe aus dem Hafen von Theodosius. Dort drüben ist das Goldene Horn, wo die Handelsschiffe vor Anker gehen. Und jetzt, Leon, siehst du neben der großen Kirche eine lange Reihe von Säulen direkt am Meer. Dort ist der Palast des Kaisers.“

Der Junge starrte wie gebannt auf die Säulen. „Und meine Mutter ist hier“, flüsterte er. „Ja, Leon, deine Mutter, Kaiserin Theodora, und ihr Mann, der große Justinian, leben dort drüben.“

Der Junge sah skeptisch zu dem alten Mann auf. „Seid Ihr sicher, Pater Lukas, daß meine Mutter wirklich froh sein wird, mich zu sehen?“

Der Abt wandte sich ab, um dem forschenden Blick des Jungen auszuweichen. „Das wissen wir nicht, Leon. Wir können es nur versuchen. Wenn sich herausstellt, daß es keinen Platz für dich gibt, dann bist du bei den Brüdern des St. Nicephorus immer willkommen."

„Warum habt Ihr meiner Mutter nicht erzählt, daß wir kommen, Pater Lukas? Warum habt Ihr nicht ihre Genehmigung abgewartet?"

„Aus der Ferne wäre es leicht, dich abzulehnen, Leon. Ein kaiserlicher Bote hätte uns aufgehalten. Aber wenn sie dich sieht, Leon – deine Augen, die ihren so sehr gleichen, dein Gesicht, das an denjenigen erinnert, den sie geliebt hat – dann wird sie dich ins Herz schließen, wenn sie eins hat. Es heißt, der Kaiser könne ihr nichts abschlagen. Sie haben kein eigenes Kind. Vor dir liegt eine große Zukunft, Leon. Wenn es soweit ist, dann vergiß nicht die armen Brüder des St. Nicephorus, die dich aufgenommen haben, als du auf der ganzen Welt keinen einzigen Freund hattest."

Der alte Abt sprach unbefangen, aber an seiner angespannten Haltung war deutlich zu sehen, daß er, je näher sie der Hauptstadt kamen, immer mehr am Erfolg seines Plans zweifelte. Was ihm in der klösterlichen Abgeschiedenheit in Antiochia noch einfach und natürlich erschienen war, wirkte plötzlich zweifelhaft, als er jetzt die goldenen Dome von Konstantinopel in der Sonne glänzen sah. Zehn Jahre zuvor hatte eine bedauernswerte Frau an der Klosterpforte gestanden – eine Frau, deren bloße Erwähnung in der östlichen Welt eine Beleidigung gewesen war, denn sie war ebenso berüchtigt für ihren unehrenhaften Lebenswandel wie berühmt für ihre Schönheit. Sie hatte die Mönche überredet, ihren kleinen Sohn, das Kind ihrer Schande, aufzunehmen, und bei ihnen hatte er sein bisheriges Leben verbracht.

Aber für sie – Theodora – hatte sich nach ihrer Rückkehr in die Hauptstadt das Blatt auf wundersame Weise gewendet. Justinian, der Thronerbe, hatte ein Auge auf sie geworfen, und schließlich hatte sie seine beständige Liebe gewonnen. Seit dem Tod seines Onkels Justin war der junge Mann der bedeutendste Monarch der Welt und hatte Theodora nicht nur zu seiner Frau und Kaiserin erhoben, sondern auch zur absoluten Herrscherin mit einer Macht, die ebenso groß war wie seine eigene – und unabhängig davon. Und sie, das Mädchen aus der Gosse, hatte sich der Ehre als würdig erwiesen. Sie hatte einen klaren Schlußstrich unter ihr früheres Leben gezogen und sich bereits als große Königin gezeigt. Sie war tatkräftiger und klüger als ihr Mann, aber auch hitzköpfig, rachsüchtig und unnachgiebig, eine treu ergebene Freundin, doch auch eine furchtbare Feindin. Das war die Frau, der der Abt Lukas aus Antiochia ihren vergessenen Sohn Leon brachte. Wenn ihre Gedanken jemals zu der Zeit zurückkehrten, in der sie, fallengelassen von ihrem Liebhaber Ecebolus, dem Statthalter von Pentapolis in Afrika, zu Fuß durch Kleinasien gepilgert war und ihren Sohn bei den Mönchen zurückgelassen hatte, dann nur, um sich selbst einzureden, daß die weltfremden Klosterbrüder in Theodora, der Kaiserin, niemals Theodora, die sündige Wanderin, wiedererkennen würden, und daß die Frucht ihrer Sünde ihrem kaiserlichen Ehemann für immer verborgen bliebe.

Die kleine Brigg hatte nun den Hügel, auf dem die Akropolis lag, umrundet, und das Goldene Horn lag als langes blaues Band vor ihnen. Die hohe Mauer des Theodosius umgab den ganzen Hafen bis auf den Kai. Das Schiff legte am Neorion-Kai an, und nach einer kurzen Kontrolle durch die helmtragenden Wachen durften die Passagiere die große Stadt betreten.

Der Abt, der Konstantinopel wegen der Belange seines Klosters schon mehrere Besuche abgestattet hatte, ging sicheren Schrittes wie jemand, der sich in bekannter Umgebung bewegt. Aber der Junge, der zugleich eingeschüchtert und fasziniert war von den Menschenmassen, dem Poltern geschmückter Pferdekutschen und dem

Anblick der prächtigen Bauten, sah sich eifrig um und klammerte sich fest an das weite Gewand seines Begleiters. Die steilen, engen Straßen führten vom Wasser zu dem großen Platz, in dessen Mitte der gewaltige Bau der St. Sophia stand, der großen Kirche, deren Grundstein Konstantin gelegt hatte. Johannes Chrysostomus hatte sie geweiht, heute war sie der Sitz des Patriarchen und das Zentrum der orthodoxen Kirche. Der fromme Abt mußte sich viele Male bekreuzigen und niederknien, bevor er es fertigbrachte, den verehrten Schrein seiner Religion hinter sich zu lassen sich wieder seiner schwierigen Mission zuzuwenden.

Nachdem sie an der St.-Sophia-Kirche vorbeigekommen waren, durchquerten die beiden Reisenden das marmorgepflasterte Augusteum und sahen zu ihrer Rechten die vergoldeten Pforten des Hippodroms, durch die sich eine riesige Menschenmenge drängte. Der Morgen war für die religiöse Zeremonie vorgesehen, doch der Nachmittag gehörte weltlichen Vergnügungen. Der Andrang war so groß, daß die beiden Fremden Mühe hatten, nicht von dem Strom mitgerissen zu werden und den Eingang des Palastes, einen gewaltigen schwarzen Marmorbogen, zu erreichen. Dort trat ihnen ein prächtig gekleideter Soldat mit goldenem Helm entgegen und versperrte ihnen den Weg mit seinem funkelnden Speer, bis sein Vorgesetzter ihnen erlaubte einzutreten.

Dem Abt war jedoch versichert worden, daß alle Widerstände ausgeräumt sein würden, wenn er den Namen von Basil dem Eunuchen erwähnte. Basil der Eunuch war Kammerherr des Palastes und auch Parakimomen – wer dieses hohe Amt innehatte, schlief an der Tür des kaiserlichen Schlafzimmers. In der Tat wirkte der Zauber – als der Name dieses mächtigen Mannes fiel, befahl der Protosphathaire, der Anführer der Palastwache, sofort einem seiner Soldaten, die beiden Fremden zum Kammerherrn zu führen.

Nachdem sie an ein zwei weiteren Wachposten vorbeigekommen waren, gelangten die Reisenden endlich in den eigentlichen Palast und folgten ihrem majestätischen Anführer von Zimmer zu Zimmer, eines prächtiger als das andere. Marmor und Gold, Samt und Silber, farbenprächtige Mosaiken, wundervolle Schnitzereien, Paravents aus Elfenbein, Vorhänge aus armenischem Tuch und indischer Seide, Damast aus Arabien und Bernstein aus der Ostsee – all diese Dinge stürmten auf die beiden einfachen Leute aus der Provinz ein, bis ihnen der Kopf schwirrte. Sie waren überwältigt von der Pracht und Herrlichkeit dieses großartigsten aller Paläste.

Am Ende öffnete sich ein goldbestickter Vorhang, und ihr Begleiter vertraute sie einem stummen Schwarzen an, der hinter dem Vorhang stand. Ein schwerfälliger, dicker Mann mit brauner Haut und einem riesigen, aufgedunsenen, bartlosen Gesicht schritt in dem kleinen Zimmer auf und ab. Als sie hereinkamen, drehte er sich herum und bedachte sie mit einem scheußlichen und unheilverkündenden Lächeln. Seine offenen Lippen und seine Hamsterbacken waren die einer fetten alten Frau, aber darüber funkelten zwei boshafte dunkle Augen, die verrieten, welche Beobachtungsgabe und welch scharfes Urteilsvermögen in ihm steckte.

„Ihr seid in den Palast gelangt, indem ihr meinen Namen genannt habt“, sagte er. „Ich halte mir viel darauf zugute, daß jeder aus dem Volk mich auf diese Art erreichen kann. Aber Leuten, die das ohne triftigen Grund ausnutzen, geht es schlecht.“ Und wieder lächelte er ein Lächeln, das den verängstigten Jungen veranlaßte, sich fest an das lange Gewand des Abts zu klammern.

Aber der Kleriker war ein mutiger Mann. Ohne sich von der furchterregenden Erscheinung des Kammerherrn oder dem drohenden Klang seiner Worte einschüchtern zu lassen, legte er seinem jungen Begleiter die Hand auf die

Schulter und sah den Eunuchen mit zuversichtlichem Lächeln an.

„Ich habe keinen Zweifel, Eure Exzellenz“, sagte er, „daß ich mit meiner wichtigen Mission zu Recht in den Palast gekommen bin. Ich frage mich nur, ob es nicht vielleicht so wichtig ist, daß ich es Euch nicht erzählen kann – und überhaupt niemandem außer Kaiserin Theodora persönlich, denn sie ist die einzige, die es etwas angeht.“

Die buschigen Brauen des Eunuchen zogen sich über seinen boshaften Augen zusammen. „Diese Worte mußt du beweisen“, sagte er. „Wenn mein gnädiger Herr – der ruhmreiche Kaiser Justinian – sich nicht scheut, mir seine privatesten Angelegenheiten anzuvertrauen, wäre es seltsam, wenn du irgend etwas wüßtest, das ich nicht hören darf. Wie ich aus deiner Kleidung und deinem Gebaren schließe, bist du der Abt eines asiatischen Klosters?“

„Ihr habt recht, Eure Exzellenz, ich bin der Abt des Klosters St. Nicephorus in Antiochia. Aber ich wiederhole: Ich bin überzeugt, daß das, was ich zu sagen habe, einzig und allein für die Ohren von Kaiserin Theodora bestimmt ist.“

Der Eunuch war sichtlich verwundert, und die Beharrlichkeit des alten Mannes reizte seine Neugier. Er kam näher, beugte sich vor und stützte seine dicken braunen Hände, die wie zwei Schwämme aussahen, auf den Tisch aus gelbem Jaspis, der vor ihm stand.

„Alter Mann“, sagte er, „jedes Geheimnis, das die Kaiserin betrifft, darf mir anvertraut werden. Aber wenn du nicht redest, steht fest, daß du sie nie zu Gesicht bekommen wirst. Warum sollte ich dich zu ihr lassen, wenn ich nicht weiß, was du vorhast? Woher soll ich wissen, daß du kein manichäischer Häretiker bist, der einen Dolch unter seinem Gewand versteckt und nach dem Blut der Mutter der Kirche gierst?“

Der Abt zögerte nicht länger. „Wenn hier etwas nicht stimmt, dann in Eurem Kopf!“ sagte er. „Nimm zur Kenntnis, daß dieser Junge namens Leon der Sohn von Kaiserin Theodora ist, den sie vor zehn Jahren als Neugeborenen bei uns im Kloster zurückgelassen hat. Dieser Papyrus wird beweisen, daß meine Worte über jeden Zweifel erhaben sind."

Der Eunuch Basil nahm das Papier, aber sein Blick war auf den Jungen gerichtet. Sein Gesicht verriet Erstaunen über die Neuigkeit, die er gehört hatte, und er dachte offenbar darüber nach, wie er die Nachricht zu seinen Gunsten benutzen konnte.

„Tatsächlich – er ist der Kaiserin wie aus dem Gesicht geschnitten", murmelte er. Dann fragte er mit plötzlichem Mißtrauen: „Hat nicht vielleicht diese Ähnlichkeit dich auf die Idee gebracht, eine Intrige zu spinnen, alter Mann?"

„Da gibt es nur eine Lösung", sagte der Abt. „Nämlich, die Kaiserin selbst zu fragen, ob das, was ich sage, stimmt oder nicht, und ihr die frohe Botschaft auszurichten, daß es ihrem Sohn gutgeht."

Sein selbstbewußter Tonfall, der Nachweis durch den Papyros und das schöne Gesicht des Jungen nahmen dem Eunuchen den letzten Zweifel. Das war eine überwältigende Neuigkeit – aber wie sollte er damit umgehen? Und vor allem, welchen Vorteil konnte er daraus ziehen? Er stand da und rieb sich sein fettes Kinn, während er sich sein schlaues Hirn zermarterte.

„Alter Mann", sagte er schließlich, „wievielen Leuten hast du dieses Geheimnis verraten?"

„Niemandem auf der ganzen Welt", antwortete der andere. „Außer Dekan Bardas im Kloster und mir selbst weiß keiner etwas."

„Bist du sicher?"

„Vollkommen sicher."

Der Eunuch hatte seine Entscheidung getroffen. Wenn er als einziger im Palast von diesem Kind wußte, hatte er ein ausgezeichnetes Druckmittel gegen seine gebieterische

Herrin in der Hand. Er war sicher, daß Kaiser Justinian keine Ahnung hatte. Es wäre ein Schock für ihn. Es könnte sogar der Liebe zu seiner Frau einen Knacks geben. Sie würde sicher Wert darauf legen, daß er nichts erfuhr. Und wenn er, Basil der Eunuch, ihr Gehilfe bei der Geheimhaltung war, dann würde er sie damit an sich binden. All das schoß ihm durch den Kopf, als er mit dem Papyrus in der Hand dastand und den alten Mann und den Jungen ansah.

„Bleibt hier“, sagte er. „Ich bin gleich wieder da.“ Mit raschelnder Robe rauschte er aus dem Zimmer.

Ein paar Minuten waren vergangen, als sich ein Vorhang am Ende des Raumes öffnete. Der Eunuch hielt ihn beiseite und sah dabei doppelt so dick aus wie sonst. Durch die Lücke kam eine kleine, wachsame Frau, ganz in Goldstoff gekleidet. Über ihrem Gewand trug sie einen losen Umgang, ihre Schuhe hatten die kaiserliche Farbe – Purpur. Schon diese Farbe zeigte, daß sie niemand anders als die Kaiserin sein konnte, aber die Würde, mit der sie auftrat, die unbezwingbare Willenskraft, die sich in den herrlichen dunklen Augen widerspiegelte, und die vollkommene Schönheit des hochmütigen Gesichts – all das machte unmißverständlich klar, daß es nur Theodora sein konnte, die trotz ihrer niedrigen Herkunft die hoheitsvollste und am höchsten entfaltete Schönheit unter allen Frauen in ihrem Königreich war. Verschwunden waren die Scherze der Hofnarren, die die Tochter des Bärenwärters Acacius im Amphiteater gelernt hatte, verschwunden auch der unbeschwerte Charme der Hure. Geblieben war die ehrenwerte Gattin eines großen Königs, die gesetzte Würde einer Frau, die durch und durch Kaiserin war.

Theodora ignorierte die beiden Männer und ging auf den Jungen zu. Sie legte ihm ihre weißen Hände auf die Schultern und schaute ihn lange mit fragendem Blick an, einem Blick, der zuerst Argwohn ausdrückte und dann zeigte, daß sie ihn erkannte. Er hatte ihre großen, lebensfrohen Augen, und ihr war, als sähe sie sich selbst im Spiegel.

Im ersten Moment war der empfindsame Junge von ihrer kalten Miene abgeschreckt, doch als ihr Ausdruck milder wurde,verlor er seine Scheu und warf sich mit dem Ausruf „Mutter! Mutter!“ in ihre Arme, klammerte sich an sie und vergrub das Gesicht an ihrer Brust.

Ein plötzlicher Gefühlsausbruch überwältigte sie, und sie schlang die Arme um den Jungen und drückte ihn einen Moment lang an sich. Dann gewann die Selbstbeherrschung der Kaiserin die Oberhand über die Schwäche der Mutter, sie schob ihn von sich und bedeutete ihnen mit einer Handbewegung, sie allein zu lassen. Dienstbare Sklaven scheuchten die Besucher aus dem Zimmer. Basil der Eunuch verharrte in lauernder Haltung im Raum und schaute auf seine Herrin hinunter. Sie hatte sich auf eine Damastcouch geworfen; ihre Lippen waren weiß, und ihre Brust hob und senkte sich im Chaos der Gefühle. Sie blickte auf und begegnete dem gerissenen Blick des Kammerherrn. Ihr weiblicher Instinkt sah die unterschwellige Drohung, die darin lag.

„Ihr habt mich in der Hand“, sagte sie. „Der Kaiser darf das nie erfahren.“

„Ich bin Euer Sklave“, sagte der Eunuch mit seinem undurchsichtigen Lächeln, „und nur ein Werkzeug in Euren Händen. Wenn Ihr nicht wollt, daß der Kaiser es erfährt, wer sollte es ihm erzählen?“

„Aber was ist mit dem Mönch – und dem Jungen? Was sollen wir tun?“

„Es gibt nur einen sicheren Ausweg“, sagte der Eunuch.

Sie sah ihn entsetzt an. Er wies mit seinen schwammigen Händen auf den Fußboden. Unter diesem Palast existierte eine Unterwelt, ein Schatten, für immer ausgeschlossen vom Licht, ein Labyrinth aus dämmerigen Gängen, finsteren Ecken, lautlosen stummen Sklaven und markerschütternden Schreien, die jäh durch die Dunkelheit hallten. Darauf zeigte der Eunuch.

Ein schrecklicher Kampf tobte in ihrer Brust. Dieser schöne Junge war ihr Sohn, Fleisch von ihrem Fleisch, Blut von ihrem Blut. Sie wußte es ohne jeden Zweifel. Er war ihr einziges Kind, und ihr Herz zog sie zu ihm hin. Aber Justinian! Sie kannte die sonderbaren Regeln des Kaisers. Ihr früherer Lebenswandel war vergessen. Er hatte alles mit einem kaiserlichen Erlaß, der im ganzen Reich veröffentlicht worden war, beiseitegefegt, als sei sie durch seine Entscheidung und die Verbindung mit ihm neu geboren. Aber sie waren kinderlos, und der Anblick eines Kindes, das nicht von ihm war, wäre ein schwerer Schlag für ihn. Er konnte ihre unrühmliche Vergangenheit aus seinem Gedächtnis verbannen, aber wenn er den lebenden Beweis in Gestalt dieses wunderschönen Kindes sah, dann konnte er nicht mehr einfach abwinken und so tun, als sei nichts gewesen. Sie kannte ihren Mann in- und auswendig, und ihr Instinkt sagte ihr, daß selbst ihr Charme und ihr Einfluß sie unter diesen Umständen nicht vor dem Untergang bewahren würden. Er konnte sie ebenso leicht stürzen, wie er sie erhöht hatte. Sie balancierte auf einem dünnen Seil, dem höchsten der Welt, und um so tiefer würde der Fall sein. Alles, was die Welt zu bieten hatte, lag ihr jetzt zu Füßen. Sollte sie riskieren, alles zu verlieren – wofür? Wegen einer Schwäche, die einer Kaiserin unwürdig war, für ein kurzes Strohfeuer der Liebe und ein Kind, das am Morgen noch keine Rolle für sie gespielt hatte? Wie konnte sie so töricht sein, alles zu opfern – für ein Nichts?

„Überlaßt es mir“, sagte das wachsame dunkle Gesicht über ihr.

„Muß es unbedingt – der Tod sein?“

„Sonst gibt es keine absolute Sicherheit. Aber wenn Euer Herz zu gnädig ist, dann würde der Verlust des Sehvermögens und der Sprache –“

Sie sah im Geiste, wie sich das weißglühende Eisen den schönen Augen näherte, und schauderte bei der Vorstellung. „Nein, nein! Lieber der Tod als das!"

„Dann laßt ihn sterben. Ihr seid weise, große Kaiserin, denn es gibt nur einen sicheren Ausweg und eine Garantie für Stillschweigen."

„Und der Mönch?"

„Die gleiche Lösung."

„Aber die Heilige Synode? Er ist ein geweihter Priester, wie man an seiner Tonsur sieht. Was würde der Patriarch tun?"

„Bringt seine geschwätzige Zunge zum Schweigen. Dann sollen sie machen, was sie wollen. Wie können wir sicher sein, daß dieser Verschwörer, der einen Dolch im Ärmel hat, wirklich der ist, als der er sich ausgibt?"

Sie schauderte wieder und sank zurück in die Kissen.

„Sprecht nicht davon, und denkt nicht daran", sagte der Eunuch. „Sagt nur, daß Ihr es mir überlaßt. Wenn Ihr es nicht sagen könnt, nickt einfach mit dem Kopf, und ich nehme es als Euer Zeichen."

In diesem Augenblick sah Theodora all ihre Feinde vor sich – alle, die ihr den Aufstieg neideten, die sie haßten und verachteten, würden in Jubel ausbrechen, wenn sie sahen, wie die Tochter des Bärenwärters in die Gosse zurückgestoßen wurde, in der man sie aufgelesen hatte. Ihr Gesicht wurde hart, sie kniff die Lippen zusammen, und ihre kleinen Hände ballten sich zu Fäusten, als diese Gedanken sie quälten. „Tu es!" sagte sie.

Mit einem schrecklichen Lächeln hastete der Todesbote aus dem Zimmer. Sie stöhnte laut auf, krallte die Finger in die Seidenkissen und vergrub das Gesicht in ihnen.

Der Eunuch verschwendete keine Zeit, denn wenn diese Tat erst einmal geschehen war, wäre er – bis auf einen unbedeutenden Mönch aus Kleinasien, dessen Schicksal bald besiegelt sein würde – der einzige, der

Theodoras Geheimnis kannte – und damit der einzige Mensch, der sich diese herrschsüchtige Frau gefügig machen konnte.

Er eilte in das Zimmer, in dem die Besucher warteten, und gab ein unheildrohendes Signal, das in jenen Tagen nur allzu bekannt war. Die stummen Schwarzen packten den alten Mann und den Jungen und schleiften sie in Windeseile einen Gang hinunter, der in einen weniger vornehmen Bereich des Palastes führte. Der starke Geruch von brutzelndem Essen verriet, daß die Küche in der Nähe war. Ein Seitenkorridor führte zu einer fest verriegelten Eisentür, und dahinter wiederum lag eine steile Steintreppe, schwach beleuchtet von Fackeln an den Wänden. Am Fuß und an der obersten Treppenstufe stand jeweils ein stummer Wachposten wie eine Statue aus Ebenholz, und darunter lagen dämmerige, abschreckende Gänge, die zu Zellen führten. In jeder der Nischen in der Wand stand ein ähnlich aussehender Wächter. Die unglückseligen Besucher wurden brutal durch eine Flucht von steingepflasterten, ungemütlichen Korridoren gezerrt, bis sie bei einer langen Treppe angekommen war, die so weit in die Tiefe führte, daß die feuchte, stickige Luft und das Wasser, das von den Wänden heruntertropfte anzeigten, daß sie sich nun in der Höhe des Meeresspiegels befanden. Stöhnen und Schreie, die sich anhörten wie die von gequälten Tieren, ertönten hinter den verriegelten Türen, an denen sie vorbeikamen, und verrieten, wieviele ihr ganzes Leben in dieser feuchten, verpesteten Umgebung verbrachten.

Am Ende dieser Passage in der Tiefe befand sich eine Tür, die zu einem einzigen gewaltigen Verlies führte. In dem Raum standen keine Möbel bis auf eine gewaltige, durch Eisenklammern gehaltene Holztafel. Diese stand vor einer groben Brustwehr, in die Schriftzeichen eingraviert waren – nicht zu entziffern für die Gelehrten aus dem Osten, denn diese alte Mauer stammte aus der Zeit, bevor die Griechen Byzanz gegründet hatten, als Männer aus Chaldäa und Phönizien Ziegelsteine ohne Mörtel zum Bauen verwendet hatten, tief unter der Ebene der Stadt. Die Tür fiel zu, und der Eunuch rief den Sklaven zu, daß sie die Holztafel von der Wand des Todes entfernen sollten. Der verängstigte Junge schrie und hielt sich an dem Abt fest, der aschfahl und zitternd versuchte, das Herz des gnadenlosen Eunuchen zu erweichen.

„Aber Ihr werdet doch nicht den unschuldigen Jungen umbringen!“ schrie er. „Was hat er getan? War es seine Schuld, daß er hergekommen ist? Ich allein – und Dekan Bardas – sind schuld. Bestraft uns, wenn unbedingt jemand bestraft werden muß. Wir sind alt, es kommt nicht mehr darauf an, ob wir heute oder morgen sterben. Aber er ist so jung und schön und hat noch das ganze Leben vor sich. Oh, Eure Exzellenz, Ihr könnt ihm nichts antun!“

Er warf sich dem Eunuchen zu Füßen und umfing dessen Knie, während der Junge herzzerreißend schluchzte und mit entsetztem Blick die schwarzen Sklaven beobachtete, die die Holzvertäfelung von der niedrigen alten Mauer wegzerrten. Die flehentlichen Bitten des Abts beantwortete der Kammerherr damit, daß er einen Stein nahm, der vor der Mauer lag, und ihn in den mittlerweile freigelegten Schachtmund warf. Man hörte, wie der Stein gegen alte, feuchte, verschimmelte Wände krachte und mit einem dumpfen Platschen in einen versteckten unterirdischen See fiel. Dann gab er den schwarzen Sklaven wieder ein Handzeichen, und sie stürzten sich auf den Jungen und zerrten ihn von seinem Begleiter weg. Er schrie so durchdringend, daß niemand die Kaiserin herbeieilen hörte. Sie stürzte zu ihrem Sohn und schlang die Arme um ihn.

„Das darf nicht sein! Es kann nicht sein!“ rief sie. „Nein, nein, mein Liebling! Mein Liebling! Sie dürfen dir nichts tun. Ich muß verrückt gewesen sein, an so etwas auch nur im Traum zu denken! Oh, mein lieber Junge!

Man stelle sich vor, deine Mutter hätte dein Blut an ihren Händen!“

Der Eunuch zog ärgerlich die Brauen zusammen, als er seine Pläne durchkreuzt sah – für ihn wieder einmal ein Beispiel für die Launenhaftigkeit der Frauen.

„Wir müssen sie nicht umbringen, Herrin, wenn es Eurem zartfühlenden Herzen wehtut“, sagte er. „Mit einem Messer und einem Brandeisen kann man sie für immer entwaffnen.“

Sie schenkte seinen Worten keine Beachtung. „Küß mich, Leon!“ rief sie. „Laß mich nur einmal die weichen Lippen meines Kindes auf meinen fühlen. Noch einmal! Nein, nicht mehr, sonst werde ich zu schwach für das, was ich mir noch vorgenommen habe. Alter Mann, du stehst ohnehin schon mit einem Bein im Grab, und da du so einen ehrwürdigen Eindruck machst, kann ich mir nicht vorstellen, daß du leichten Herzens Lügen erzählen würdest. Du hast mein Geheimnis wirklich all die Jahre für dich behalten, nicht wahr?“

„Das habe ich wirklich, große Kaiserin. Ich schwöre beim heiligen Nicephorus, dem Schutzherrn unseres Klosters, daß außer dem alten Dekan Bardas niemand Bescheid weiß.“

„Dann sollen deine Lippen versiegelt sein! Da du das Geheimnis bisher für dich behalten hast, sehe ich keinen Grund, warum du nicht weiterhin schweigen solltest. Und du, Leon …“ Ihre wunderschönen Augen blickten mit einer seltsamen Mischung aus Strenge und Liebe auf den Jungen hinunter. „Kann ich dir vertrauen? Wirst du ein Geheimnis bewahren, das dir nichts nützen kann, das aber der Ruin und der Sturz deiner Mutter wäre?“

„Oh, Mutter, ich würde nichts tun, was dir schadet! Ich schwöre, daß ich schweigen werde.“

„Dann vertraue ich euch beiden. Für euch und euer Kloster wird in einer Weise gesorgt werden, daß ihr den

Tag segnen werdet, in dem ihr meinen Palast betreten habt. Jetzt könnt ihr gehen. Ich möchte euch nie wieder sehen. Wenn es doch dazu käme, wäre ich vielleicht milder oder aber ungnädiger gestimmt – das eine wäre mein Untergang und das andere der eure. Aber wenn mir Gerüchte zu Ohren kommen, die mir Grund zu der Annahme geben, daß ihr mich getäuscht habt, dann werdet ihr und eure Mönche und euer Kloster ein Ende finden, das eine Warnung für alle sein wird, die ihre Kaiserin hintergehen wollen."

„Ich werde nie ein Wort darüber verlieren", sagte der alte Abt, „ebensowenig wie Dekan Bardas – und Leon wird es auch nicht tun. Ich verbürge mich für uns alle drei. Aber es gibt noch andere – diese Sklaven, den Kammerherrn. Vielleicht werden wir für die Fehler anderer Leute bestraft."

„O nein", sagte die Kaiserin, und ihre Augen sahen aus wie Feuersteine. „Diese Sklaven hier sind stumm und haben keine Möglichkeit, die Geheimnisse zu verraten, die sie kennen. Und was dich betrifft, Basil …" Sie hob ihre Hand zu jener todbringenden Geste, die er selbst kurz zuvor ausgeführt hatte. Die schwarzen Sklaven stürzten sich auf ihn wie eine Hundemeute auf einen Hirsch.

„Oh, meine gnädige Herrin, was hat das zu bedeuten? Was hat das zu bedeuten? Das könnt Ihr nicht ernst meinen!" schrie er mit hoher, gebrochener Stimme. „Oh, was habe ich getan? Warum soll ich sterben?"

„Du hast mich gegen mein eigen Fleisch und Blut aufgehetzt. Du hast mich angestachelt, meinen eigenen Sohn umzubringen. Du wolltest mein Geheimnis gegen mich verwenden – das habe ich von Anfang an in deinen Augen gelesen. Grausamer, mörderischer Schurke – du sollst am eigenen Leib erfahren, was du so vielen anderen angetan hast. Das ist dein Urteil. Ich habe gesprochen."

Voller Entsetzen flohen der alte Mann und der Junge aus dem unterirdischen Verlies. Als sie noch einen Blick zurückwarfen, sahen sie die kerzengerade, glänzende, in Goldstoff gekleidete Gestalt der Kaiserin. Außerdem sahen sie die grünschleimige Öffnung des Schachtes und den aufgerissenen roten Mund des Eunuchen, der kreischte und flehte, während die Sklaven ihn immer weiter zum Abgrund schleppten. Sie hielten sich die Ohren zu und rannten, so schnell sie konnten, aber trotzdem hörten sie noch den letzten gellenden Aufschrei, der klang wie der einer Frau, und den dumpfen Aufprall in der Tiefe.

Der rote Stern

Das Haus von Theodosius, dem berühmten Kaufmann aus dem Osten, lag im schönsten Teil von Konstantinopel am Ufer in der Nähe der Kirche des Heiligen Demetrius. Hier pflegte er Gäste auf so fürstliche Art zu unterhalten, daß sogar Kaiser Maurikios aus dem benachbarten Bukoleon-Palast herübergekommen war, um an den ausgelassenen Vergnügungen teilzunehmen. In der fraglichen Nacht jedoch – am vierten November im Jahre des Herrn 630 – waren seine vielen Gäste früh gegangen, und es blieben nur zwei sehr enge Freunde, beide ebenfalls erfolgreiche Kaufleute. Sie saßen mit ihm bei ihrem Wein auf der Marmorterrasse des Hauses. Auf der einen Seite hatten sie freien Blick auf die Lichter der Schiffe auf dem Marmarameer und auf der anderen Seite auf die Leuchttürme, die den Verlauf des Bosporus anzeigten. Ihnen unmittelbar zu Füßen lag eine Meerenge, darüber erhoben sich die düsteren, unscharfen Umrisse der niedrigen asiatischen Hügel. Ein feiner Dunst verschleierte den Himmel, aber fern im Süden glomm ein einziger, großer roter Stern boshaft in der Dunkelheit.

Die Nacht war kühl, das Licht wirkte beruhigend, und die drei Männer unterhielten sich unbefangen. Sie ließen ihre Erinnerung zu den frühen Tagen zurückschweifen, zu Unternehmungen, denen sie ihren heutigen Reichtum verdankten und bei denen sie ihr Kapital und oft sogar ihr Leben riskiert hatten. Der Gastgeber erzählte von seinen langen Reisen in Nordafrika, dem Land der Mauren; davon, wie er an der blauen See entlanggesegelt war, bis er die Ruinen von Karthago hinter sich gelassen hatte, wie er immer weiter gereist war, bis vor ihm die Flut des Ozeans an einen gelben Strand brandete, während er rechts den steilen Felsen in den Wellen sehen konnte, der eine der Säulen des Herkules markierte. Er erzählte von dunkelhäutigen bärtigen Männern und riesigen Schlangen.

Dann berichtete auch Demetrius, der Sizilianer, ein asketischer Mann von sechzig Jahren, wie er seinen gewaltigen Reichtum erworben hatte. Er erzählte von einer Reise über die Donau und durch das Land der wilden Hunnen, bis er und seine Freunde sich in den riesigen Wäldern Germaniens am Ufer des großen Flusses Elbe wiedergefunden hatten. Seine Geschichten handelten von großen Männern, die geistig träge waren, aber gefährlich wurden, wenn sie zu tief ins Glas geschaut hatten, von jähen mitternächtlichem Streit und Flucht bei Nacht und Nebel, von Dörfern, die tief im Dickicht der Wälder versteckt lagen, von blutigen heidnischen Opfern und von den Bären und Wölfen, die die Waldwege unsicher machten. So übertrumpften sich die beiden älteren Männern mit ihren Geschichten und riefen Erinnerungen wach, während Manuel Ducas, der junge Gold- und Straußenfedernhändler, dessen Name bereits in ganz Levante bekannt war, schweigend dasaß und zuhörte. Doch schließlich fragten sie ihn, ob er nicht auch eine Anekdote zu erzählen habe, und der junge Mann stützte die Wange in die Hand, richtete den Blick unverwandt auf den roten Stern, der im Süden glühte, und begann zu sprechen.

„Der Anblick dieses Sterns läßt mich an eine Geschichte denken“, sagte er. „Ich kenne seinen Namen nicht. Der alte Astronom Lascaris könnte es mir sagen, wenn ich ihn fragen würde, aber ich möchte es gar nicht wissen. Aber zu dieser Jahreszeit halte ich immer nach ihm

Ausschau, und jedesmal sehe ich ihn an der gleichen Stelle glühen. Aber jetzt erscheint er mir, als sei er röter und größer als früher. – Vor ungefähr zehn Jahren unternahm ich eine Expedition nach Abessinien, wo ich so gute Geschäfte machte, daß ich bei meiner Rückkehr über hundert Kamelladungen Leder, Elfenbein, Gold, Pfeffer und andere afrikanische Produkte erworben hatte. Ich brachte die Ladung an die Küste von Arsinoe und transportierte sie in fünf der kleinen Boote des Landes den Arabischen Golf hoch. Schließlich landete ich in der Nähe von Saba. Von dort brechen viele Karawanen auf, und nachdem ich genug Kamele und eine Bedeckung von vierzig Arabern angeheuert hatte, machte ich mich auf den Weg Macoraba, der heiligen Stadt der Götzenanbeter dieser Gegend. Dort kann man sich immer den langen Karawanen anschließen, die zweimal im Jahr nordwärts nach Jerusalem und an die Südküste von Syrien ziehen.

Unser Weg war lang und mühselig. Zu unserer Linken befand sich der Arabische Golf, der in der Hitze des Tages dalag wie ein See aus geschmolzenem Metall, sich aber jeden Abend blutrot verfärbte, wenn die Sonne hinter der fernen Küste Afrikas versank. Zu unserer Rechten lag eine gewaltige Wüste. Soviel ich weiß, erstreckt sie sich über ganz Arabien bis zum fernen Königreich der Perser. Viele Tage sahen wir keine Spur von Leben außer unserer langen, langsam dahintrottenden Reihe bepackter Kamele mit ihren zerlumpten, braungebrannten Führern. In der Wüste verschluckt der weiche Sand den Hufschlag der Tiere, so daß ihr stummer Vormarsch, Tag für Tag durch eine Szenerie, die sich nie ändert und die selbst lautlos ist, einem schließlich wie ein seltsamer Traum erscheint. Wenn ich hinter meiner Karawane herritt und die seltsamen Geschöpfe ansah, die meine Waren trugen, fand ich es oft schwer zu glauben, daß all dies wirklich sei und daß ich es war – ich, Manuel Ducas, der in der Nähe des Theodosianischen Tors von Konstantinopel wohnte und jeden Sonntagnachmittag im Hippodrom die Grünen anfeuerte – , der sich in einem fremden Land mit so einzigartigen Gefährten aufhielt.

Hin und wieder erhaschten wir einen Blick auf die weißen dreieckigen Segel der Boote auf hoher See, die diese Leute verwenden, aber da sie alle Piraten sind, waren wir sehr froh, sicher an der Küste zu sein. Ein- oder zweimal sahen wir auch zwergenhafte Geschöpfe – man konnte kaum sagen, ob es Menschen oder Affen waren –, die sich Behausungen aus Seetang machen, Brackwasser trinken und alles essen, was sie erwischen. Das sind die Fischesser, die Ichthyophagen, von denen der alte Herodot erzählt – sicher die niedrigsten Vertreter der ganzen Menschheit. Unsere Araber schreckten vor ihnen zurück, denn eines ist klar: Sollte man in der Wüste sterben, werden diese kleinen Leute sich wie Aaskrähen auf die Überreste stürzen und jeden Knochen säuberlich abnagen. Sie brabbelten und krächzten und fuchtelten mit ihren dünnen Armen, als wir vorbeikamen. Sie wußten genau, daß sie weit hinausschwimmen konnten, falls wir versuchen sollten, sie zu verfolgen; angeblich schrecken sogar die Haie angewidert vor ihren stinkenden Körpern zurück.

Wir waren seit zehn Tagen unterwegs und machten jeden Abend bei den schmutzigen Löchern halt, die ein kleines bißchen unappetitliches Wasser boten. Wir pflegten sehr früh aufzustehen und bis spät in die Nacht zu reisen, aber in der unerträglichen Nachmittagshitze Rast zu machen, wobei wir uns – weil es weit und breit keine Bäume gab – im Schatten einer Düne zusammenkauerten oder, wenn auch keine Düne da war, hinter unseren Kamelen und unserer Ladung, um der erbarmungslosen Glut der Sonne zu entkommen. Am siebten Tag näherten wir uns der Stelle, an der man von der Küste den Weg ins Inland nach Macoraba einschlägt. Wir hatten unsere mittägliche

Rast beendet und wollten gerade weiterziehen, obwohl es immer noch unerträglich heiß war, als ich aufblickte und etwas Bemerkenswertes sah. Auf einem Hügel zu unserer Rechten stand ein Mann, etwa vierzig Fuß groß, und hielt einen Speer in der Hand, der so groß wie ein gewaltiger Schiffsmast war. Ihr seht überrascht aus, meine Freunde, und könnt euch daher vorstellen, was für ein Gefühl ich bei diesem Anblick hatte. Aber mein Verstand sagte mir bald, daß die Gestalt vor mir in Wirklichkeit ein wandernder Araber war, dessen Figur enorm vergrößert worden war durch die verzerrende Wirkung der heißen Luft der Wüste.

Doch die leibhaftige Erscheinung jagte meinen Begleitern mehr Angst ein als mir das Trugbild – mit einem Entsetzensschrei liefen sie zusammen, ein verschreckter Haufen, und alle gestikulierten und zeigten mit den Fingern, als sie die ferne Gestalt anstarrten. Dann merkte ich, daß der Mann nicht allein war, sondern daß von allen Dünen eine Reihe turbantragender Köpfe auf uns herunterblickte. Der Anführer der Eskorte eilte auf mich zu und teilte mir mit, was sie so erschreckt hatte. Sie hatten an irgendeiner Besonderheit der Kopfbedeckungen erkannt, daß diese Männer zum Stamm der Dilwas gehörten, den gefährlichsten und skrupellosesten Vertretern der Beduinen, die offenbar hier einen Hinterhalt für uns gelegt hatten, um sich unserer Karawane zu bemächtigen. Wenn ich an all meine Mühen in Abessinien dachte, an die Dauer meiner Reise und die Gefahren und Anstrengungen, die ich auf mich genommen hatte, konnte ich es nicht ertragen, mir diese Katastrophe vorzustellen, die mich im letzten Moment treffen und mir nicht nur meine Gewinne, sondern auch mein ganzes Kapital rauben sollte. Es war offensichtlich, daß die Räuber zu zahlreich waren, als daß Fluchtversuche einen Sinn gehabt hätten, und daß wir froh sein konnten, wenn wir mit dem Leben davonkommen würden. Ich saß also auf einem Bündel und empfahl meine Seele unserer gesegneten Heiligen Helena, während ich mit verzweifelter Miene den lautlosen und bedrohlichen Anmarsch der arabischen Räuber verfolgte.

Vielleicht war es Glück, vielleicht waren es auch die schöne Spende von Bienenwachskerzen – vier gehen aufs Pfund –, die ich im Geiste der Heiligen Helena gewidmet hatte – jedenfalls hörte ich in diesem Augenblick lautes Freudengeschrei von meinen Begleitern. Ich stellte mich auf das Bündel, um eine bessere Aussicht zu haben, und war überwältigt vor Freude, eine lange Karawane zu sehen – mindestens fünfhundert Kamele mit einer vielköpfigen bewaffneten Wachmannschaft, die aus Richtung Macoraba kamen. Ich brauche euch nicht zu erzählen, daß es unter Karawanen üblich ist, mit vereinten Kräften gegen die Räuber der Wüste vorzugehen, und mit der Unterstützung dieser Neuankömmlinge waren wir die Stärkeren. Die Plünderer erkannten es sofort, denn sie waren plötzlich wie vom Erdboden verschluckt. Ich war einen Sandhügel hinaufgerannt und sah gerade noch eine wirbelnde Staubwolke, die sich auf der gelben Ebene immer weiter entfernte. Die langen Hälse der Kamele schauten aus der Wolke heraus, ebenso die flatternden losen Gewänder, und auch die funkelnden Speere waren zu erkennen. So verschwanden die Plünderer.

Jetzt merkte ich jedoch, daß ich eine Gefahr gegen eine andere getauscht hatte. Zunächst hatte ich gehofft, daß diese neue Karawane die eines römischen Bürgers sei oder wenigstens die eines syrischen Christen, aber ich stellte fest, daß es eine rein arabische Karawane war. Die Handel treibenden Bewohner der vielen arabischen Städte sind natürlich wesentlich friedlicher als die Beduinen aus der Wildnis, jene Söhne Ismaels, von denen wir in der Heiligen Schrift gelesen haben. Aber das arabische Blut ist habgierig und kümmert sich nicht um Gesetze, und als ich sah, daß mehrere hundert von ihnen einen Halbkreis um unsere Kamele bildeten und begehrliche Blicke auf meine Truhen mit kostbaren Metallen und meine Straußenfedern warfen, befürchtete ich das Schlimmste.

Der Anführer der neuen Karawane war ein Mann von würdevollem Auftreten und bemerkenswerter Erscheinung. Sein Alter schätzte ich auf etwa vierzig. Er hatte eine Adlernase, einen vornehmen schwarzen Bart und so leuchtende Augen mit einem so forschenden, intensiven Blick, wie ich ihn auf all meinen Wanderungen nie wieder gesehen habe. Meinen Dank und meine Begrüßung beantwortete er mit einer formellen Verbeugung. Dann stand er da, strich über seinen Bart und betrachtete schweigend den Reichtum, der ihm so plötzlich in die Hände gefallen war. Das Gemurmel seines Gefolges zeigte, wie sehnsüchtig sie auf den Befehl warten, sich auf die Beute zu stürzen, und ein junger Haudegen, der ein enges Verhältnis zum Anführer zu haben schien, kam näher und sprach aus, was seine Kameraden sich wünschten.

‚Gewißlich, o Verehrter', sagte er, ‚diese Leute und ihre Schätze sind uns in die Hände gefallen. Wenn wir damit zum heiligen Ort zurückkehren, wird auch der letzte Koreischit einsehen, daß Gottes Hand uns geführt hat!'

Aber der Anführer schüttelte den Kopf. ‚Nein, Ali, das geht nicht', antwortete er. ‚Dieser Mann ist, soweit ich es beurteilen kann, ein römischer Bürger, und wir dürfen ihn nicht behandeln wie einen Götzendiener.'

‚Aber er ist ein Ungläubiger', rief der junge Mann und umklammerte einen Dolch, der an seinem Gürtel hing. ‚Wenn ich zu entscheiden hätte, würde er nicht nur seinen Besitz einbüßen, sondern auch sein Leben, wenn er nicht den wahren Glauben annimmt!'

„Der ältere Mann lächelte und schüttelte den Kopf. ‚Nein, Ali, du bist zu hitzköpfig', sagte er. ‚Angesichts der Tatsache, daß es noch nicht einmal dreihundert Gläubige auf der Welt gibt, hätten wir wirklich alle Hände voll zu tun, wenn wir allen, die nicht auf unserer Seite sind, Leben und Besitz nehmen würden. Vergiß nicht, lieber Junge, daß Wohltätigkeit und Ehrlichkeit die Leitsterne des wahren Glaubens sind.‘

‚Wohltätigkeit und Ehrlichkeit gegenüber Gläubigen‘, sagte der grimmige junge Mann.

‚Nein, gegenüber jedem! Es ist Allahs Gesetz. Und doch‘, hier verfinsterte sich sein Gesicht, und in seinen Augen glomm ein düsteres Funkeln, ‚kann bald der Tag kommen, wenn die Stunde der Gnade vorbei ist, und dann wehe denen, die nicht hören wollten! Dann wird Allah sein Schwert ziehen und es nicht wieder in die Scheide stecken, bis die Ernte eingebracht ist. Als erstes wird es eines Tages die Götzenanbeter treffen, dann werden mein eigenes Volk und meine Verwandten, die ungläubigen Koreischiten, vernichtet, und die dreihundertsechzig Götzen der Kaaba werden auf den Misthaufen der Stadt landen. Dann wird die Kaaba nur noch das Haus und der Tempel eines einzigen Gottes sein, der weder auf Erden noch im Himmel einen Nebenbuhler duldet.‘

Die Gefolgsleute des Mannes hatten sich um ihn versammelt, die Speere in der Hand und die feurigen Blicke unverwandt auf sein Gesicht gerichtet, und in ihren dunklen Zügen zuckte es vor fanatischer Begeisterung. Das zeigte, welche Macht er über sie hatte und wie groß ihre Liebe und ihr Respekt waren.

‚Wir müssen geduldig sein‘, sagte er, ‚aber irgendwann, nächstes oder übernächstes Jahr, kommt vielleicht der Tag, an dem der große Engel Gabriel die Botschaft verkündet, daß die Zeit der Worte vorbei ist und daß die Stunde des Schwertes gekommen ist. Wir sind wenige und obendrein schwach, aber wenn es Sein Wille ist – wer kann uns dann etwas anhaben? Bist du jüdischen Glaubens, Fremder?‘ fragte er.

Ich antwortete, daß ich das nicht sei.

‚Das spricht für dich', antwortete er, mit dem gleichen wütenden Ausdruck auf seinem dunklen Gesicht. ‚Erst werden die Götzendiener fallen – und dann die Juden, weil gerade sie die Propheten nicht erkannten, deren Ankunft sie selbst vorausgesagt haben. Zuletzt werden die Christen an der Reihe sein, die tatsächlich einem wahren Propheten folgen, der größer ist als Moses oder Abraham, die aber die Sünde begangen haben, ein Geschöpf mit dem Schöpfer zu verwechseln. Für alle – Götzenanbeter, Juden und Christen – wird der Tag kommen, an dem sie sich für ihre Taten verantworten müssen.'

Die zerlumpten Gestalten hinter ihm schüttelten all ihre Speere, während er sprach. Es bestand kein Zweifel, daß es ihnen ernst war, aber angesichts ihrer zerlumpten Kleider und primitiven Waffen konnte ich mir ein Lächeln nicht verkneifen, wenn ich an ihre großen Ankündigungen dachte und mir vorstellte, wie es ihnen am Tag der Schlacht ergehen würde, wenn sie es mit den Streitäxten unserer kaiserlichen Garde oder den Speeren der schweren Kavallerie der Armenier zu tun bekommen würden. Aber – überflüssig zu erwähnen – ich war diskret genug, meine Gedanken für mich zu behalten, denn ich verspürte nicht den Wunsch, der erste Märtyrer bei diesem neuen Angriff auf unseren heiligen Glauben zu sein.

Es war jetzt Abend, und es wurde beschlossen, daß die beiden Karawanen ein gemeinsames Nachtlager aufschlagen sollten – eine Idee, die umso willkommener war, als wir keineswegs sicher sein konnten, die Plünderer los zu sein. Ich hatte den Anführer der Araber eingeladen, mit mir zu Abend zu essen, und nach einem langen Gebet mit seinem Gefolge kam er zu mir, wies aber meine Gastfreundschaft zurück, denn er wollte den ausgezeichneten Wein, den ich für ihn hervorgeholt hatte, nicht anrühren, ebensowenig wie meine Süßigkeiten, und begnügte sich mit altem Brot, getrockneten Datteln und Wasser. Nach dem Essen saßen wir allein am schwelenden Feuer, über uns das gewaltige Himmelsgewölbe von jenem tiefen, satten Blau mit den funkelnden, klaren Sternen, die man nur in der trockenen Wüstenluft zu sehen bekommt. Unser Lager lag vor uns, und kein Laut traf unsere Ohren, abgesehen von dem dumpfen Gemurmel unserer Kameraden und dem gelegentlichen schrillen Geheul eines Schakals irgendwo in den Dünen um uns herum. Ich saß diesem sonderbaren Mann Auge in Auge gegenüber, und der Schein des Feuers flackerte auf seinem ausdrucksvollen Gesicht und spiegelte sich in seinen leidenschaftlich blickenden Augen. Es war eine sehr seltsame Nachtwache, die ich nie vergessen werde. Ich habe auf meinen Reisen mit vielen weisen und berühmten Männern gesprochen, aber keiner hat einen solchen Eindruck auf mich gemacht wie er.

Und dennoch war mir vieles, das er sagte, unverständlich, obwohl ich, wie ihr wißt, Arabisch ebensogut spreche wie ein Araber. Seine Stimme hob und senkte sich auf merkwürdige Weise. Manchmal war es das Gebrabbel eines Kindes, manchmal das zusammenhanglose Schwadronieren eines Fanatikers und dann wieder die erhabene Sprache der Träume eines Propheten und Philosophen. Einige seiner Erzählungen von Dämonen, Wundern, Träumen und Vorzeichen klangen wie die Geschichten, mit denen alte Frauen abends Kinder unterhalten. Bei anderen, die von seinen Gesprächen mit Engeln, den Plänen des Schöpfers und dem Ende des Universums handelten und die er mit strahlendem Gesicht erzählte, fühlte ich mich, als hätte ich keinen gewöhnlichen Sterblichen vor mir, sondern jemanden, der tatsächlich ein direkter Bote des Allerhöchsten war.

Er hatte guten Grund, mir solches Vertrauen entgegenzubringen. Er betrachtete mich als Botschafter für Konstantinopel und das Römische Reich. Wie der Heilige Paulus das Christentum nach Europa gebracht hat, so hoffte er, daß ich seine Lehren in meiner Heimatstadt verbreiten könnte. Ach! Wie immer die Lehren auch sein mögen, ich fürchte, ich habe nicht das Zeug zum Paulus. Dennoch versuchte er aus vollem Herzen, mich während dieser langen arabischen Nacht zu seinem Glauben zu bekehren. Er hatte eine heilige Schrift bei sich, die ihm, wie er sagte, ein Engel diktiert habe und die er auf Täfelchen aus Kamelknochen niederschrieb. Er hat mir ein paar Kapitel daraus vorgelesen, aber obwohl die meisten Grundsätze gut waren, erschien mir der Stil viel zu reißerisch und blumig. Manchmal konnte ich mich kaum beherrschen, während ich ihm zuhörte. Er schilderte seine Zukunftspläne, und während er sprach, konnte man sich kaum vorstellen, daß er nur der Anführer einer arabischen Karawane war und nicht einer der Großen dieser Erde.

‚Wenn Gott mir genügend Macht gegeben hat, was in ein paar Jahren der Fall sein wird', sagte er, ‚werde ich ganz Arabien unter meinem Banner vereinen. Dann werde ich meine Lehre in Syrien und Ägypten verbreiten. Wenn das getan ist, gehe ich nach Persien und lasse den Leuten die Wahl zwischen dem wahren Glauben oder dem Schwert. Wenn Persien eingenommen ist, wird es ein Leichtes sein, Kleinasien zu überrennen und uns so den Weg nach Konstantinopel zu bahnen.'

Ich biß mir auf die Lippen, um mir das Lachen zu verkneifen. ‚Und wie lange wird es dauern, bis eure siegreichen Truppen den Bosporus erreicht haben?' fragte ich.

‚Solche Dinge liegen in Gottes Hand, dessen Diener wir sind', sagte er. ‚Es mag sein, daß ich selbst nicht mehr erlebe, daß all das erreicht wird, aber alles, was ich euch jetzt erzählt habe, wird eintreffen, bevor die Tage unserer Kinder gezählt sind. Seht euch den Stern an', fügte er hinzu und zeigte auf einen wunderschönen, hell leuchtenden Planeten über unseren Köpfen. ‚Das ist das Symbol Christi. Seht, wie mild und friedlich er leuchtet, so wie Seine eigene Lehre und die Erinnerung an Sein Leben. Nun‘, fügte er hinzu und wies mit der ausgestreckten Hand auf einen verschwommenen roten Stern am Horizont – genau den, den wir jetzt sehen –, ‚das ist mein Stern – er erzählt von Zorn, von Krieg, von der Geißelung der Sünder. Und doch sind beide Sterne, und jeder tut das, was Allah befiehlt.‘

Ja, das war das Erlebnis, an das mich der Anblick dieses Sterns heute nacht erinnert hat. Der brütet immer noch rotglühend und zornig über dem Süden, genau wie in der Nacht, in der ich ihn in der Wüste gesehen habe. Irgendwo dort unten arbeitet und strebt dieser Mann jetzt. Er wird vielleicht von einem fanatischen Bruder erstochen oder in einer Stammesfehde erschlagen. Aber wenn er am Leben bleibt, so wird er – etwas in seinem Blick und in seinem Auftreten sagte mir, daß Mohammed, Sohn des Abdallah – denn so hieß er – von dem Glauben, den er in sich trägt, ein eindrucksvolles Zeugnis ablegen.“

Der Silberspiegel

3. Januar. Diese Sache mit der Buchhaltung von White &Wotherspoon erweist sich als gewaltige Aufgabe. Es müssen zwanzig dicke Rechnungsbücher durchgesehen und geprüft werden. Es ist jedoch das erste große Geschäft, für das ich allein verantwortlich bin. Ich muß beweisen, daß ich der Aufgabe gewachsen bin. Aber ich muß pünktlich fertig werden, damit das Ergebnis den Anwälten rechtzeitig zur Verhandlung vorliegt. Johnson sagte heute morgen, daß ich vor dem Zwanzigsten fertig sein muß. Barmherziger Gott! Nun ja, da muß man eben durch, und wenn das menschliche Gehirn und die Nerven die Belastung verkraften können, wird es sich für mich lohnen. Es bedeutet Büroarbeit von zehn bis fünf Uhr und dann noch eine zweite Sitzung / Schicht von acht Uhr abends bis morgens um eins. Das Leben eines Buchhalters ist ein Drama. Wenn ich mich dabei ertappe, daß ich bis zum Morgengrauen, wenn alle Welt schläft, eine Spalte nach der anderen durchforste und nach den fehlenden Zahlen fahnde, die einen anerkannten Ratsherren auf die Anklagebank bringen, wird mir klar, daß es gar keine so prosaische Tätigkeit ist.

Am Montag stieß ich auf die ersten Spuren einer Veruntreuung. Keinen begeisterten Jäger hat jemals ein so wohliger Schauer überlaufen, als er die frischen Spuren des Jagdwildes erspähte. Ich allerdings sehe die zwanzig Rechnungsbücher und denke an den Dschungel, durch den ich ihn hetzen muß, bevor ich ihn zu fassen bekomme. Harte Arbeit – aber in gewisser Weise auch ein seltener Genuß! Ich habe den Kerl einmal bei einem Abendessen in der City gesehen; sein Gesicht leuchtete krebsrot über eine weiße Serviette hinweg. Er sah den blassen kleinen Mann am Ende des Tisches an, aber er wäre genau so blaß geworden, wenn er gewußt hätte, was ich im Begriff war zu tun.

6. Januar. Was für ein Unsinn, daß Ärzte Ruhe verordnen, wenn Ruhe nicht in Frage kommt! Dummköpfe! Genausogut könnten sie jemandem, dem ein Wolfsrudel auf den Fersen ist, zurufen, daß er Ruhe bewahren soll. Meine Ergebnisse müssen zu einem bestimmten Termin vorliegen; wenn ich es nicht schaffe, verpasse ich die Chance meines Lebens, also wie in aller Welt kann ich mich zurücklehnen und ausruhen? Ich werde nach dem Prozeß eine Woche Urlaub nehmen.

Vielleicht war auch ich selbst der Trottel, weil ich überhaupt zum Arzt gegangen bin. Aber ich werde nervös und aufgedreht, wenn ich nachts allein über meiner Arbeit sitze. Es ist kein Schmerz, nur eine Art Schwere im Kopf und gelegentlich ein nebliger Schleier vor den Augen. Ich dachte, daß etwas Brom oder Chlor oder etwas in dieser Art mir vielleicht guttun würde. Aber aufhören zu arbeiten? Absurder Gedanke! Es ist wie ein Langstreckenlauf. Anfangs fühlt man sich elend, das Herz hämmert, und die Lunge keucht, aber wenn man durchhält, erlebt man einen zweiten Höhenflug. Falls nicht – egal, ich arbeite trotzdem weiter. Zwei Rechnungsbücher sind erledigt, und mit dem dritten komme ich gut voran. Der Taugenichts hat seine Spuren geschickt verwischt, aber ich wittere sie trotzdem.

9. Januar. Eigentlich wollte ich gar nicht schon wieder zum Arzt, aber es mußte sein. „Ich strapaziere meine Nerven, riskiere einen völligen Zusammenbruch und gefährde sogar meinen Geisteszustand.“ Das ist ein schöner Satz,

wenn man ihn ohne Luftholen heraussprudelt. Also, ich werde die Anspannung ertragen und das Risiko eingehen, und solange ich aufrecht sitzen und einen Stift halten kann, werde ich die Fährte des alten Sünders weiterverfolgen.

Eigentlich kann ich das seltsame Erlebnis, das mich ein zweites Mal zum Arzt getrieben hat, auch hier zu Papier bringen. Ich führe genau Buch über meine Symptome und Gefühle, weil sie an sich interessant sind – „eine spannende psycho-physiologische Studie“, hat der Arzt gesagt – und weil ich ganz sicher bin, daß sie mir im Rückblick verschwommen und unwirklich vorkommen werden, wie eine sonderbare Mischung aus Schlaf und Wachsein. Also werde ich sie jetzt, da sie noch frisch sind, niederschreiben – und wenn nur als willkommene Abwechslung nach den ewigen Zahlen.

In meinem Zimmer befindet sich ein alter Spiegel in silbernem Rahmen. Ich habe ihn von einem Freund bekommen, der eine Vorliebe für Antiquitäten hat, und er hat ihn, soviel ich weiß, auf einem Basar aufgestöbert und hatte keine Ahnung, woher das Stück stammt. Der Spiegel ist groß – drei Fuß breit und zwei Fuß hoch – und lehnt an einem Seitentisch links von mir, wenn ich schreibe. Der Rahmen ist flach – ungefähr drei Zoll hoch – und sehr alt; viel zu alt für Punzen oder andere Zeichen, anhand derer man sein Alter hätte bestimmen können. Der Spiegel hat schräge Kanten, und das Glas wirft das Bild auf eine Weise zurück, wie man sie meines Erachtens nur bei sehr alten Spiegeln findet. Wenn man in einen solchen Spiegel schaut, hat man das Gefühl, weit in die Ferne zu blicken. Kein moderner Spiegel kann ein solches Bild widergeben.

Der Spiegel ist so positioniert, daß ich von meinem Platz am Tisch normalerweise nur das Spiegelbild der roten Gardinen sehen kann. Aber letzte Nacht ist etwas Merkwürdiges passiert. Ich hatte ein paar Stunden gearbeitet, sosehr es mir auch gegen den Strich ging, und mit immer wiederkehrenden Sehstörungen – einem nebligen Schleier vor den Augen, über den ich geklagt hatte. Ständig mußte ich meine Arbeit unterbrechen und mir die Augen reiben. Nun, und bei einer dieser Gelegenheiten fiel mein Blick zufällig auf den Spiegel. Er sah sehr ungewöhnlich aus. Die roten Gardinen, die er hätte widerspiegeln sollen, waren verschwunden. Das Glas sah bewölkt und beschlagen aus, nicht an der Oberfläche, die wie Stahl funkelte, sondern tief im Innersten des Spiegels. Dieser Dunst schien, als ich ihn gebannt anstarrte, langsam hin- und herzuwabern, bis er zu einer dichten weißen Wolke geworden war, die träge rotierte. Es sah so echt aus, und ich war so geistesgegenwärtig, daß ich mich erinnere, wie ich herumfuhr, weil ich dachte, die Gardinen stünden in Flammen. Aber es war im ganzen Zimmer totenstill – kein Laut war zu hören außer dem Ticken der Uhr, und nichts rührte sich, abgesehen von der langsamen Rotation der seltsamen, verschwommenen weißen Wolke tief im Innern des alten Spiegels.

Als ich dann wieder hinsah, schien der Nebel, der Rauch oder die Wolke oder wie auch immer man es nennen soll, sich an zwei eng nebeneinanderliegenden Stellen zu verdichten und zu verfestigen. Ich empfand eher Faszination denn Furcht, als mir bewußt wurde, daß diese beiden Punkte zwei Augen waren, die ins Zimmer schauten. Ich sah den vagen Umriß eines Kopfes – der Frisur nach zu urteilen, war es der einer Frau, aber das Bild war sehr verschwommen. Nur die Augen waren ganz deutlich zu erkennen – und was für Augen! Dunkel, leuchtend und erfüllt von einem leidenschaftlichen Gefühl – ich konnte nicht sagen, ob es Wut oder Entsetzen war. Noch nie habe ich Augen so voller Leben gesehen. Sie waren nicht auf mich gerichtet, sondern starrten irgendwo in das Zimmer hinein. Als ich mich dann aufrichtete, mir die Augen rieb und mich mit großer Anstrengung zusammenriß, verblaßte der Kopf und verschwamm im allgemeinen Nebel. Der Spiegel entwölkte sich langsam, und die roten Gardinen kamen wieder zum Vorschein.

Ein Skeptiker würde zweifellos sagen, daß ich über meinen Zahlen eingeschlafen und daß mein Erlebnis ein Traum gewesen sei. In Wirklichkeit war ich nie im Leben so wach gewesen. Ich konnte, noch während ich das Bild sah, darüber nachdenken und mir selbst sagen, daß es ein Trugbild sein müsse, ein Hirngespinst, hervorgerufen durch überreizte Nerven und Schlafmangel. Aber warum war es ausgerechnet dieses bestimmte Bild? Wer ist die Frau, und was ist es für ein schreckliches Gefühl, das ich in ihren wunderbaren braunen Augen entdecke? Sie lenken mich von meiner Arbeit ab. Zum ersten Mal habe ich weniger geschafft als das tägliche Pensum, das ich mir vorgenommen hatte. Vielleicht liegt es daran, daß ich heute abend keine ungewöhnlichen Empfindungen hatte. Morgen muß ich hellwach sein, komme, was da wolle.

11. Januar. Alles ist bestens, und die Arbeit geht gut voran. Langsam zieht sich die Schlinge um seinen dicken Hals zusammen. Aber vielleicht lacht er doch zuletzt, wenn meine Nerven mich im Stich lassen. Der Spiegel scheint eine Art Thermometer zu sein, das mein seelisches Fieber mißt. Ich habe jede Nacht gemerkt, daß sich das Glas getrübt hat, bevor ich mit meinem Pensum fertig war.

Dr. Sinclair (der anscheinend eine psychologische Ader hat) interessiert sich so für meinen Fall, daß er heute abend vorbeigekommen ist, um sich den Spiegel anzusehen. Mir war aufgefallen, daß auf der Rückseite des Spiegels etwas in verschnörkelten altertümlichen Buchstaben eingraviert ist. Er nahm den Schriftzug im wahrsten Sinn des Wortes unter die Lupe, wurde jedoch nicht klug daraus: „Sanc. X. Pal.“ entzifferte er, aber das brachte uns nicht weiter. Er riet mir, den Spiegel in ein anderes Zimmer zu stellen; aber was ich auch darin sehe, ist nach seinen eigenen Worten nur ein Krankheitssymptom – die Gefahr liegt in der Ursache. Nicht der Silberspiegel sollte weggeräumt werden, sondern die zwanzig Rechnungsbücher, wenn ich mich nur dazu durchringen könnte. Ich bin jetzt beim achten, also komme ich voran.

13. Januar. Vielleicht wäre es klüger gewesen, den Spiegel wegzuschließen. Ich hatte letzte Nacht ein außergewöhnliches Erlebnis damit. Und dennoch finde ich es so interessant, so faszinierend, daß ich ihn sogar jetzt noch an seinem Platz lasse. Was in aller Welt hat all das zu bedeuten?

Ich schätze, es war gegen ein Uhr morgens, und ich klappte gerade meine Bücher zu, um endlich ins Bett zu taumeln, als ich sie vor mir sah. Der Nebel muß sich unbemerkt gelichtet haben – und da war sie in voller Schönheit, Leidenschaft und Verzweiflung, so lebensecht, als stünde sie leibhaftig vor mir. Die Gestalt war klein, aber sehr deutlich zu erkennen – so deutlich, daß alle Einzelheiten sich in mein Gedächtnis eingeprägt haben. Sie sitzt links neben dem Spiegel. Eine weitere Gestalt, nur schemenhaft sichtbar, kauert neben ihr – ich kann vage erkennen, daß es ein Mann ist – und hinter ihnen wallt Nebel, in dem ich noch mehr Leute sehe – Leute, die sich bewegen. Was ich sehe, ist nicht nur ein Bild. Die Szene spielt sich wirklich ab. Die Frau duckt sich und zittert. Der Mann neben ihr kniet nieder. Die schemenhaften Gestalten machen abrupte Bewegungen und Gesten. Meine Faszination hatte jegliche Furcht vertrieben. Es war frustrierend, soviel, aber nicht mehr zu sehen.

Aber ich kann die Frau haargenau beschreiben. Sie ist wunderschön und noch recht jung – höchstens fünfundzwanzig, würde ich sagen. Ihr Haar ist von einem satten Braun und hat einen kastanienfarbenen Schimmer, der in Gold übergeht. Sie trägt eine Stuart-Haube aus Spitze, die mit Perlen bestickt ist. Die Stirn ist hoch, vielleicht zu hoch für vollkommene Schönheit, aber man wünscht sie sich gar nicht anders, denn sie verleiht einem ansonsten zarten und weiblichen Gesicht einen Ausdruck von Kraft und Entschlossenheit. Die Brauen über den schweren Lidern sind höchst anmutig geschwungen, und dann kommen diese wundervollen Augen – so groß, so dunkel, so voll von überwältigenden Gefühlen – Zorn, Entsetzen und dazu eine stolze Selbstbeherrschung, die sie davon abhält, sich zu vergessen! Die Wangen sind bleich, die zusammengepreßten Lippen weiß, das Kinn und der Hals wohlgerundet. Die Gestalt sitzt vorgebeugt auf dem Stuhl, angespannt und regungslos, wie gelähmt vor Schreck. Ihr Kleid ist aus schwarzem Samt, auf der Brust blitzt ein Diamant wie eine Flamme, und ein goldenes Kruzifix glänzt in einer Falte des Kleides. Das ist die Frau, deren Erscheinung in dem alten Silberspiegel weiterlebt. Was für eine furchtbare Tat mochte es sein, die sich vor diesem Spiegel abgespielt hat, so daß heutzutage, in einem anderen Zeitalter, ein Mann, dessen Geist überstrapaziert ist, ein Augenzeuge davon werden kann?

Ein weiteres Detail: Links am Saum des schwarzen Kleides befand sich – wie ich zuerst dachte – ein formloses Knäuel weißen Garns. Als ich dann genauer hinsah oder als das Bild schärfer wurde, begriff ich, um was es sich handelte. Es war die Hand eines Mannes, der sich in Panik an das Kleid klammerte. Der Rest der hockenden Gestalt war nur eine Silhouette, aber die verkrampfte Hand hob sich leuchtend von dem dunklen Hintergrund ab, und der panische Klammergriff ließ eine finstere Tragödie ahnen. Der Mann hat Angst – furchtbare Angst, das sehe ich deutlich. Was hat ihn so erschreckt? Warum krallt er sich am Kleid der Frau fest? Der Grund sind die Figuren, die sich im Hintergrund bewegen. Sie bedeuten Gefahr für ihn und für sie. Die Sache fesselte mich, und ich vergaß, daß es vielleicht eine Einbildung war, die ich meinen überreizten

Nerven verdankte. Ich starrte gebannt auf das Geschehen, als sei ich im Theater. Aber ich kam nicht weiter. Der Nebel lichtete sich, es herrschte Tumult. Dann wurde der Spiegel wieder blank.

Der Arzt sagt, ich müsse die Arbeit für einen Tag ruhen lassen, und das kann ich mir leisten, denn in letzter Zeit habe ich gute Fortschritte gemacht. Es ist offensichtlich, daß die Visionen vollkommen von meinem nervlichen Zustand abhängen, denn heute abend saß ich eine Stunde vor dem Spiegel, und nichts ist passiert. Mein Ruhetag hat die Geister vertrieben. Ich frage mich, ob ich je herausfinden werde, was das zu bedeuten hat? Ich habe den Spiegel heute abend bei guter Beleuchtung untersucht, und außer der geheimnisvollen Inschrift „Sanc. X. Pal." konnte ich Spuren eines Wappens erkennen, der auf dem Silber kaum noch sichtbar ist. Es muß sehr alt sein, weil es schon beinahe unkenntlich ist. Soweit ich es erkennen konnte, zeigt das Wappen drei Speerspitzen, zwei oben und eine unten. Ich werde sie dem Doktor zeigen, wenn er morgen vorbeikommt.

14. Januar. Ich fühle mich wieder vollkommen gesund und habe mir vorgenommen, daß mich nichts von meiner Arbeit ablenken soll, bis ich fertig bin. Der Arzt hat sich die Gravuren auf dem Spiegel angesehen und war ebenfalls der Meinung, daß es ein Wappen ist. Er interessiert sich sehr für alles, was ich ihm erzählt habe, und fragte mich gründlich nach Einzelheiten aus. Ich finde es amüsant, zu sehen, daß er eine Beute widerstreitender Gefühle ist, weil er einerseits will, daß die Symptome des Patienten verschwinden, andererseits aber, daß das Medium – denn als ein solches betrachtet er mich – dieses Rätsel aus der Vergangenheit löse. Er verordnete mir weiterhin Ruhe, protestierte aber nur halbherzig, als ich erklärte, daß so etwas nicht in Frage käme, bis die zehn übrigen Rechnungsbücher geprüft seien.

17. Januar. Drei Nächte habe ich keine Erlebnisse gehabt – mein Ruhetag hat Früchte getragen. Ich habe schon drei Viertel meiner Aufgabe geschafft, aber ich muß einen Gewaltmarsch machen, denn die Anwälte schreien nach ihrem Material. Ich werde ihnen mehr als genug geben. Ich habe ihn in hundert Fällen am Wickel. Wenn herauskommt, was für ein aalglatter, hinterhältiger Schurke er ist, werde ich mit diesem Fall einige Lorbeeren einheimsen. Falsche Handelsabrechnungen, falsche Bilanzen, Dividenden aus Kapital, Verluste als Gewinne verbucht, Unterschlagung von Arbeitskosten, Manipulation in der Portokasse – das kann sich sehen lassen!

18. Januar. Kopfschmerzen, nervöse Zuckungen, ein nebliger Schleier vor den Augen, Pochen in den Schläfen – alle üblichen Vorboten einer Migräne, und die stellte sich natürlich auch bald ein. Aber meine größte Sorge ist nicht, daß die Vision erscheint, sondern vielmehr, daß sie verschwindet, bevor ich alles gesehen habe.

Aber heute nacht habe ich mehr gesehen. Der knieende Mann war ebenso deutlich zu erkennen wie die Dame, an deren Kleid er sich klammerte. Es ist ein kleiner, dunkler Zeitgenosse mit schwarzem Spitzbart. Er trägt einen weiten Damastumhang mit Pelzverbrämung. Die vorherrschende Farbe seiner Kleidung ist Rot. Der arme Kerl ist in Panik, das steht fest! Er duckt sich, bebt und schaut über die Schulter nach hinten. Er hält ein kleines Messer in der Hand, aber er ist viel zu zittrig und verängstigt, um es zu benutzen. Verschwommen sehe ich jetzt allmählich die Figuren im Hintergrund. Grimmige Gesichter, bärtig und finster, kommen langsam im Nebel zum Vorschein. Da steht eine furchterregende Gestalt, ein Skelett von einem Mann, mit eingefallenen Wangen und tief in den Höhlen liegenden Augen. Auch er hat ein Messer in der Hand. Rechts neben der Frau steht ein großer Mann, sehr jung, mit flachsblondem Haar und mürrischem Gesicht. Die schöne Frau sieht flehend zu ihm auf, ebenso der Mann am Boden. Dieser junge Mann scheint der Herr über ihr Schicksal zu sein. Der knieende Mann rückt näher zu der Frau und versteckt sich in ihren Röcken. Der große junge Mann bückt sich und versucht, sie von ihm wegzuzerren. Soviel habe ich letzte Nacht gesehen, bevor die Vision sich in Nichts auflöste. Werde ich je erfahren, wie es ausgeht und woher es kommt? Es ist keine bloße Einbildung, da bin ich mir ganz sicher. Irgendwo, irgendwann wurde diese Szene aufgeführt, und dieser alte Spiegel hat es eingefangen. Aber wann – und wo?

20. Januar. Meine Arbeit nähert sich ihrem Ende, und es wird auch Zeit. Ich verspüre eine Verkrampfung in meinem Gehirn, ein Gefühl unerträglichen Drucks, was mir eine Warnung ist – ich muß kürzertreten. Ich habe mich selbst bis an meine Grenzen gefordert. Aber die heutige Nacht sollte die letzte sein. Mit gewaltiger Anstrengung müßte ich das letzte Rechnungsbuch durchackern und den Fall abschließen können, bevor ich von meinem Stuhl aufstehe. Ich werde es schaffen. Jawohl!

7. Februar. Ich habe es getan. Mein Gott, was für ein Erlebnis! Ich weiß gar nicht, ob ich die Kraft habe, es zu Papier zu bringen. Zunächst muß ich erklären, daß ich dies ungefähr drei Wochen nach meinem letzten Tagebucheintrag in Dr. Sinclairs Privatklinik schreibe. In der Nacht des 20. Januars hatte ich einen Nervenzusammenbruch, und ich erinnerte mich an nichts mehr, bis ich mich in diesem sicheren Hafen wiederfand. Und ich kann mich mit gutem Gewissen zurücklehnen. Meine Arbeit war getan, bevor ich zusammenbrach. Meine Ausarbeitungen sind in den Händen der Anwälte. Die Hetzjagd ist vorbei.

Und jetzt muß ich diese letzte Nacht beschreiben. Ich hatte mir felsenfest vorgenommen, meine Arbeit zu Ende zu bringen. Darin biß ich mich so sehr fest, daß ich – obwohl mir beinahe der Kopf platzte – kein einziges Mal den Blick hob, bis die letzte Spalte abgehakt war. Das erforderte enorme Selbstbeherrschung, denn die ganze Zeit über wußte ich, daß in dem Spiegel phantastische Dinge passierten. Ich spürte es mit jeder Faser meines Körpers. Wenn ich hingesehen hätte, hätte ich meine Arbeit vergessen können. Also blickte ich nicht auf, bis alles erledigt war. Als ich dann endlich mit hämmernden Schläfen den Stift fallenließ und den Blick hob – was für ein Anblick bot sich mir!

Der Spiegel in seinem Silberrahmen war wie eine hell erleuchtete Bühne, auf der ein Drama aufgeführt wurde. Der Nebel war verschwunden. Die nervliche Anspannung hatte diese phantastische Klarheit bewirkt. Jedes Merkmal, jede Bewegung war lebensecht. Man stelle sich vor, daß ausgerechnet ich, ein ausgelaugter Buchhalter der nüchternsten Sorte, mit den Unterlagen eines schwindelerregenden Bankrotts auf dem Tisch, dazu auserkoren war, Augenzeuge einer solchen Szene zu werden!

Es war die gleiche Bühne mit den gleichen Darstellern, aber das Drama hatte seinen Lauf genommen. Der große junge Mann hielt die Frau fest. Sie versuchte, sich loszureißen, und sah mit Abscheu zu ihm auf. Sie hatten den Mann, der sich zusammengekauert an ihren Rock klammerte, von ihr weggezerrt. Ein Dutzend von ihnen hatte ihn umzingelt – gewalttätige bärtige Männer. Sie stachen mit Messern auf ihn, alle zugleich, wie es schien. Ihre Arme hoben und senkten sich. Das Blut floß nicht – es sprudelte! Sein rotes Hemd war durchtränkt, Purpur auf Feuerrot, wie bei einer überreifen Pflaume. Er warf sich hin und her, immer noch stachen sie auf ihn ein, und immer noch spritzte das Blut. Es war schrecklich – schrecklich! Sie zerrten ihn zur Tür, während er um sich trat. Die Frau schaute über die Schulter zu ihm hin, ihr Mund stand offen. Ich hörte nichts, wußte aber, daß sie schrie. Und dann – ob es nun an dieser nervenaufreibenden

Vision lag oder daran, daß die Aufgabe endlich vollendet war – jedenfalls forderte die übermäßige Anstrengung der letzten Wochen plötzlich ihren Tribut, das Zimmer drehte sich im Kreis, der Boden schien mir unter den Füßen weggezogen zu werden, und ich erinnere mich an nichts mehr. Am frühen Morgen fand meine Wirtin mich ohnmächtig vor dem Silberspiegel, aber ich wußte von nichts, bis ich vor drei Tagen in dem friedlichen Pflegeheim des Arztes zu mir kam.

9. Februar. Erst heute habe ich Dr. Sinclair das ganze Erlebnis geschildert. Er hatte mir zuvor nie erlaubt, von solchen Dingen zu sprechen. Er hörte aufmerksam zu. „Erinnert Sie das nicht an eine wohlbekannte Szene aus der Geschichte?" fragte er, und sein Blick verriet Mißtrauen. Ich versicherte ihm, daß ich nichts über Geschichte wußte. „Haben Sie keine Ahnung, woher dieser Spiegel kam und wem er einmal gehört hat?" fuhr er fort. „Nein – Sie etwa?" fragte ich, denn seine Worte klangen bedeutsam. „Es ist unglaublich", sagte er, „aber wie kann man es anders erklären? Die Szenen, die Sie zuvor beschrieben haben, legten es nahe, aber jetzt kann es kein Zufall mehr sein. Ich werde Ihnen heute abend ein paar Notizen mitbringen."

Später. Er ist gerade gegangen. Ich gebe seine Worte so genau wie möglich wieder. Zuerst legte er mehrere staubige Bücher auf mein Bett.

„Damit können Sie sich in Ihren Mußestunden befassen", sagte er. „Ich habe hier einige Aufzeichnungen, die Ihnen bekannt vorkommen dürften. Es besteht kein Zweifel, daß das, was Sie gesehen haben, die Ermordung Rizzios durch schottische Adlige in Anwesenheit von Maria Stuart war, die sich im März 1566 ereignete. Ihre Beschreibung der Frau ist sehr treffend. Die hohe Stirn, die schweren Lider und dazu große Schönheit – das kann nur *eine* Frau sein. Der große junge Mann war ihr Ehemann,

Darnley. Rizzio trug laut Chronik einen weiten Morgenmantel und eine Hose aus rotem Samt.‘ Mit einer Hand klammerte er sich an Marias Kleid, in der anderen hielt er einen Dolch. Ihr fanatischer hohläugiger Mann war Ruthven, der gerade vom Krankenlager aufgestanden war. Jedes Detail stimmt.“

„Aber warum ist es mir passiert?“ fragte ich entgeistert. „Warum ausgerechnet mir?“

„Weil Sie in Ihrem Geisteszustand empfänglich dafür waren. Weil Sie zufällig den Spiegel besaßen, der dieses Bild erzeugt hat.“

„Den Spiegel! Dann glauben Sie also, daß es Marias Spiegel war – und in dem Zimmer stand, in dem die Tat begangen wurde?“

„Ich bin überzeugt, daß es Marias Spiegel war. Sie war die ehemalige Königin von Frankreich. Ihr persönlicher Besitz muß mit dem königlichen Wappen gekennzeichnet gewesen sein. Was Sie für drei Speerspitzen gehalten haben, waren in Wirklichkeit die französischen Lilien.“

„Und die Inschrift?“

„*Sanc. X. Pal.* Man kann *Sanctae Crucis Palatium* daraus machen. Jemand hat auf dem Spiegel vermerkt, wo er herkam. Es war der Palast des heiligen Kreuzes.“

„Holyrood!“ rief ich.

„Genau. Ihr Spiegel ist aus Holyrood. Sie hatten ein einzigartiges Erlebnis und sind davongekommen. Ich bin sicher, daß Sie sich nicht noch einmal einer solchen Erfahrung aussetzen werden.“

Lord Falconbridge

Die Geschichte eines Kampfes

Tom Cribb, Champion von England, hatte seine aktive Laufbahn mit zwei glorreichen Kämpfen gegen den schrecklichen Molineux beendet und sich zurückgezogen. Er wohnte nun in dem Hotel, das als Union Arms bekannt war, an der Ecke der Panton Street am Heumarkt.

Hinter der Theke dieses Hotels befand sich eine mit grünem Filz verkleidete Tür, die zu einem großen Salon mit roten Tapeten führte. Das Zimmer war geschmückt mit vielen Zeitungsartikeln zum Thema Sport und vielen Pokalen und Gürteln – den geheiligten Trophäen einer siegreichen Laufbahn als Preisboxer.

In diesem gemütlichen Zimmer versammelten sich die Korinther der Zeit, um bei einem Glas von Tom Cribbs ausgezeichneten Weinen über vergangene Spiele zu diskutieren, um auf Neuigkeiten über die gegenwärtigen zu warten und um zukünftige zu organisieren. Hierher kamen auch seine Boxerkollegen, vor allem solche, die verarmt oder in Not waren, denn die Großzügigkeit des Champions war sprichwörtlich, und kein Mann seiner eigenen Zunft wurde jemals abgewiesen, wenn aufmunternde Worte oder eine gute Mahlzeit ihm helfen konnten.

An dem fraglichen Morgen – es war der 25. August 1818 – befanden sich nur zwei Männer in diesem berühmten Zimmer. Einer von ihnen war Cribb selbst – aufgegangen wie ein Hefekloß, seit er vor sieben Jahren beim Training für seinen letzten Kampf mit Captain Barclay vierzig Meilen am Tag über die Highland-Straßen gelaufen war. Er war fast so breit wie lang und wog beinahe zwanzig Stone, aber sein rundes, ausdrucksvolles Gesicht und die Löwenaugen zeigten, daß der alte Kampfgeist noch nicht ganz unter dem Fett des Hotelbewohners verschwunden war. Obwohl es noch nicht elf Uhr war, stand ein großer Becher mit bitterem Ale vor ihm auf dem Tisch, und er war eifrig damit beschäftigt, ein Stück Tabak zu zerschneiden und die Scheibchen mit seinen hornhäutigen Fingern zu Puder zu zerreiben. Trotz seiner Liste siegreicher Schlachten sah er aus, wie er war – ein gutherziger, respektabler Hausherr, gesetzestreu und gütig, ein glücklicher und erfolgreicher Mann.

Sein Gast jedoch war keineswegs in der gleichen Lage, und seine Haltung wirkte völlig anders. Er war ein großer, gutgebauter Mann, etwa fünfzehn Jahre jünger als der Champion, und sein entschlossener Gesichtsausdruck und die breiten Schultern erinnerten an die maskuline Schönheit, die Cribb in der Blüte seines Lebens ausgezeichnet hatte. Niemandem, der ihn ansah, konnte entgehen, daß er von Beruf Boxer war, und jeder Laie würde angesichts seiner sechs Fuß Größe, seinen dreizehn Stone Muskeln und seiner eleganten Gestalt zugeben, daß er seine Karriere mit Vorteilen begonnen hatte, die ihn, wenn ein mutiger Geist dazukam, weit bringen mußten. Tom Winter – oder Spring, wie er sich selbst nannte – stammte aus Herefordshire und konnte eine ansehnliche Reihe lokaler Erfolge vorweisen, die von zwei Siegen über zwei ausgezeichnete Londoner Schwergewichtsboxer gekrönt wurde. Vor drei Wochen jedoch war er von dem berühmten Painter besiegt worden, und der Rückschlag bedrückte den jungen Mann sehr.

„Kopf hoch, Junge“, sagte der Champion. Seine Augen unter den buschigen Brauen schauten in das untröstliche Gesicht seines Gastes. „Wirklich, Tom, du nimmst es zu tragisch.“

Der junge Mann stöhnte, gab aber keine Antwort. „Vor dir sind schon andere geschlagen worden und haben trotzdem noch erlebt, daß sie Champion von England wurden. Hier sitze ich und trage genau diesen Titel. Hat mich nicht George Nicholls 1805 bei Broadwater geschlagen? Und dann? Ich habe weiter gekämpft, und hier bin ich. Als der große Black aus Amerika kam, wurde nicht nach George Nicholls geschickt. Ich sage dir – kämpfe weiter, und bei George, ich werde sehen, wie du in meine Fußstapfen trittst!“

Tom Spring schüttelte den Kopf. „Nie – wenn ich gegen dich kämpfen muß, um es zu erreichen, Daddy.“

„Ich kann den Titel nicht für immer halten, Tom. Das widerspricht aller Vernunft. Ich werde ihn nächstes Jahr zum Fives Court vor ganz London ablegen, und ich möchte ihn an dich übergeben. Meine Zeit ist vorbei.“

„Nun, Dad, ich werde nie gegen dich antreten, bis du deinen Rücktritt erklärst. Danach sehen wir weiter.“

„Nun, ruh dich eine Weile aus, Tom. Warte auf deine Chance, und bis dahin gibt es hier immer ein Bett und etwas zu essen für dich.“

Spring schlug sich mit der Faust aufs Knie. „Ich weiß, Daddy! Seit ich aus Fownthorpe hergekommen bin, warst du wie ein Vater zu mir.“

„Ich habe einen Blick für Gewinner.“

„Ein schöner Gewinner! In vierzig Runden von Ned Painter geschlagen.“

„Du hattest ihn vorher besiegt.“

„Und bei Gott, das werde ich wieder!“

„Das wirst du, Junge. George Nicholls würde mir niemals noch mal die Gelegenheit bieten. Er wußte zuviel. Er hat sich von dem Geld einen Fleischerladen Bristol gekauft, und da ist er heute noch."

„Ja, ich werde mich bei Painter revanchieren, aber ich habe keinen Shilling mehr. Meine Gönner haben den Glauben an mich verloren. Ohne dich, Daddy, wäre ich am Bettelstab."

„Hast du denn gar nichts mehr, Tom?"

„Es reicht nicht einmal mehr für eine Mahlzeit! Ich habe jeden Penny und meinen guten Ruf im Ring von Kingston verloren. Es wird schwierig sein, beides zurückzugewinnen, es sei denn, ich habe einen neuen Kampf, und wer hält jetzt noch zu mir?"

„Ruhig Blut, Junge! Die, die etwas vom Boxen verstehen, werden dich unterstützen. Du bist oben auf der Liste, trotz Ned Painter. Aber es gibt noch andere Wege, mit denen ein Mann Geld verdienen kann. Heute morgen war eine Dame hier – kein unbedeutendes Mädchen, Junge, sondern eine von ganz oben mit einer Krone auf der Kutsche – und hat nach dir gefragt."

„Nach mir gefragt! Eine Dame!" Der junge Mann stand auf, sein Blick verriet Überraschung und ein gewisses Entsetzen. „Du meinst doch nicht, Daddy – "

„Es ist nichts Unehrenhaftes, mein Junge. Darauf kannst du dich verlassen!"

„Du hast gesagt, ich könnte etwas Geld verdienen."

„Ja, vielleicht kannst du das. Jedenfalls genug, um deine Sauregurkenzeit zu überstehen. Da liegt etwas in der Luft. Es geht ums Kämpfen. Sie hat nach deiner Größe und deinem Gewicht gefragt und danach, wie ich deine Aussichten beurteile. Du kannst dich darauf verlassen, daß meine Antworten nicht zu deinem Nachteil waren."

„Sie wird doch wohl keinen Kampf organisieren wollen?"

„Nun, sie schien eine ganze Menge darüber zu wissen. Sie fragte nach George Cooper, und Richmond, the Black, und Tom Oliver, kam aber immer wieder auf dich zu sprechen und wollte wissen, ob du nicht der beste von ihnen seist. Und vertrauenswürdig. Das war der zweite Punkt: Kann sie dir vertrauen? Mein Gott, Tom, selbst wenn du ein kämpferischer Erzengel wärst, könntest du kaum dem Bild gerecht werden, das ich von dir gezeichnet habe!“

Ein Zapfer aus der Bar steckte den Kopf die Tür. „Mit Verlaub, Mr. Cribb, die Kutsche der Dame ist wieder da.“

Der Champion legte seine lange Pfeife hin. „Hier entlang, Junge“, sagte er und zog seinen jungen Freund am Ärmel zum Seitenfenster. „Sieh nur! Hast du jemals eine famosere Kutsche gesehen? Und schau dir die beiden Braunen an – jedes kostet hundert Guineen! Und dann noch der Kutscher und der Diener – damit kann es kaum jemand aufnehmen. Da ist sie, sie steigt gerade aus. Warte hier, Junge, ich nehme sie in Empfang.“

Tom Cribb verschwand, und der junge Spring blieb am Fenster stehen und trommelte nervös mit den Fingern an die Glasscheibe, denn der war ein schlichtgestrickter Junge vom Land, der keine Erfahrung mit Frauen hatte und große Angst bekam, in eine der Fallen zu tappen, die in einer großen Stadt auf den Ahnungslosen lauern.

Es waren viele Geschichten über Boxer in Umlauf, die von reichen Damen engagiert und dann fallengelassen worden waren, genau wie die Gladiatoren im dekadenten Rom. Er empfand also ein leises Mißtrauen und zitterte unmerklich, als er sich umdrehte und eine große, verschleierte Gestalt ins Zimmer rauschten sah. Er war jedoch erleichtert, Tom Cribbs rundliche Figur unmittelbar hinter ihr zu sehen – ein Beweis dafür, daß das Gespräch nicht unter vier Augen stattfinden würde. Als die Tür geschlossen wurde, streifte die Dame mit großer Geste ihre Handschuhe ab. Dann rollte sie mit brillantblitzenden Fingern langsam ihren schweren Schleier hoch und zupfte ihn zurecht. Schließlich wandte sie sich Spring zu.

„Ist er das?“ fragte sie.

Sie musterten einander mit gegenseitigem Interesse, aus dem gegenseitige Bewunderung wurde, was beiden anzusehen war. Sie sah den stattlichsten jungen Mann, den England zu bieten hatte und dessen Attraktivität durch seine Schüchternheit und sein Erröten nicht gemindert wurde. Er sah eine Frau von dreißig Jahren, groß, dunkelhaarig, majestätisch, gebieterisch. Sie hatte ein wunderschönes Gesicht, jeder ihrer Züge verriet Stolz und Herkunft, eine Frau, geboren für einen Königshof und von einer ausgeprägten Herrschsucht, die aber denselben Charme wie eine sanftmütigere Frau hatte, hinter dem sie ihre starke Persönlichkeit verbergen konnte. Tom Spring kam es so vor, als habe er noch nicht einmal im Traum eine solche Schönheit gesehen, und dennoch wurde er ein Gefühl nicht los, das ihn ermahnte, auf der Hut zu sein. Ja, es war wunderschön, dieses Gesicht – unglaublich schön. Aber war es gut, war es liebenswürdig, war es vertrauenswürdig? Ein sonderbarer unbewußter Widerwille mischte sich in seine Bewunderung für ihre Schönheit. Was die Dame betraf, so hatte sie schon vergessen, daß der junge Boxer ein Mensch war, und betrachtete ihn mit kritischem Blick, als sei er eine Maschine, hergestellt für einen bestimmten Zweck.

„Ich freue mich, Sie zu sehen, Mr. – Mr. Spring“, sagte sie und musterte ihn unbefangen wie ein Händler, der ein Pferd begutachtet. „Er ist nicht so groß, wie man mir zu verstehen gegeben hat, Mr. Cribb. Sagten Sie nicht, er sei sechs Fuß groß?“

„Das ist er auch, Ma’am, aber man sieht es ihm nicht an. Nur Bohnenstangen sehen hochgewachsen aus. Sehen Sie, ich bin auch sechs Fuß groß, und unsere Köpfe sind auf gleicher Höhe, nur daß ich meine Haarpracht eingebüßt habe.“

„Wie ist die Brustweite?“

„Dreiundvierzig Zoll, Ma'am."

„Sie scheinen wirklich ein sehr starker Mann zu sein. Und auch ein guter Boxer, hoffe ich?"

Der junge Spring zuckte die Schultern. „Das kann ich selber nicht beurteilen, Ma'am."

„Aber ich, Ma'am", sagte Cribb. „Sie haben die Sporting Chronicle vor drei Wochen gelesen, Ma'am. Sie hätten nur sehen sollen, wie er sich gegen Ned Painter behauptet hat – er hat gekämpft, bis ihm die Sinne schwanden. Ich habe ihn betreut, Ma'am, und kann es beurteilen. Ich könnte Ihnen jetzt meine Weste zeigen – dann bekämen Sie eine Vorstellung davon, was er einstecken kann."

Die Lady winkte bei der Schilderung ab. „Aber er hat verloren", sagte sie kalt. „Der Mann, der ihn geschlagen hat, muß besser sein."

„Mit Verlaub zu sagen, Ma'am, das glaube ich nicht, und abgesehen von Gentleman Jackson kann ich das am besten beurteilen. Mein Junge hier hat Painter einmal besiegt und wird es wieder tun, wenn Eure Ladyschaft das Geld für den Kampf bezahlt."

Die Dame fuhr zusammen und sah den Champion ärgerlich an.

„Warum nennen Sie mich so?"

„Ich bitte um Verzeihung. Ich habe es nur so gesagt."

„Ich verbiete Ihnen, das noch einmal zu sagen."

„Sehr gut, Ma'am."

„Ich bin inkognito hier. Ich verpflichte Sie beide bei Ihrer Ehre, nicht nachzuforschen, wer bin ich. Wenn Sie mir das nicht felsenfest versprechen, ist die Angelegenheit hiermit beendet."

„Sehr gut, Ma'am. Ich verspreche es und bin sicher, daß Spring dasselbe tut. Aber wenn ich mir die Bemerkung erlauben darf – ich kann nicht verhindern, daß meine Zapfer und Bierkellner mit Ihren Dienern reden."

„Der Kutscher und der Diener wissen nicht mehr über mich als Sie. Aber ich habe nur wenig Zeit, also muß ich zur Sache kommen. Ich denke, Mr. Spring, daß Sie zur Zeit nichts zu tun haben?“

„So ist es, Ma’am.“

„Ich höre von Mr. Cribb, daß Sie bereit sind, gegen jeden jeder Gewichtsklasse zu kämpfen?“

„Gegen jeden auf zwei Beinen“, rief der Champion.

„Gegen wen soll ich kämpfen?“ fragte der junge Boxer.

„Das braucht Sie nicht zu kümmern. Wenn Sie wirklich bereit sind, gegen jeden anzutreten, dann kann der Name des Betreffenden keine Rolle spielen. Ich habe meine Gründe, ihn nicht zu nennen.“

„Sehr gut, Ma’am.“

„Sie sind nur ein paar Wochen aus dem Training. Wie lange brauchen Sie, um wieder in Bestform zu kommen?“

„Drei Wochen oder einen Monat.“

„Nun, dann werde ich Ihre Trainingskosten bezahlen und noch zwei Pfund für die Woche danach. Hier sind fünf Pfund als Garantie. Sie werden kämpfen, wenn ich finde, daß Sie in Form und die Umstände günstig sind. Wenn Sie den Kampf gewinnen, bekommen Sie fünfzig Pfund. Sind Sie mit den Bedingungen einverstanden?“

„Aber sicher, Ma’am.“

„Und denken Sie daran, Mr. Spring, ich wähle Sie nicht, weil Sie der beste Mann sind – denn darüber gibt es zwei Meinungen –, sondern weil mir versichert wurde, daß Sie ein anständiger Mann sind, dem ich vertrauen kann. Die Bedingungen dieses Kampfes müssen unter uns bleiben.“

„Ich verstehe. Ich werde kein Wort darüber verlieren.“

„Es ist ein privater Kampf, nichts weiter. Sie werden morgen mit dem Training beginnen.“

„Sehr gut, Ma’am.“

„Ich werde Mr. Cribb bitten, Sie zu trainieren.“

„Das werde ich mit Vergnügen tun, Ma'am. Aber da Sie gerade gehen wollen – bekommt er etwas, wenn er verliert?"

In dem Gesicht der Frau zuckte es vor Anspannung, und sie ballte die Fäuste, so daß ihre Knöchel weiß hervortraten.

„Wenn er verliert? Keinen Penny!" rief sie. „Er darf und wird nicht verlieren!"

„Nun, Ma'am", sagte Spring, „von so einem Kampf habe ich noch nie gehört. Aber es stimmt, daß ich völlig abgebrannt bin, deshalb habe ich keine Wahl. Ich werde genau das tun, was Sie sagen. Ich werde trainieren, bis Sie das Zeichen geben, und dann an dem Ort kämpfen, den Sie bestimmen. Ich hoffe, Sie haben einen großen Ring parat."

„Ja", sagte sie, „es wird ein großer Ring sein."

„Und wie weit entfernt ist es von London?"

„Ungefähr hundert Meilen. Haben Sie noch etwas auf dem Herzen? Meine Zeit ist um."

„Ich möchte fragen, Ma'am", sagte der Champion ernst, „ob ich dem Jungen sekundieren darf, wenn die Zeit gekommen ist. Das habe ich schon bei seinen letzten beiden Kämpfen getan.

„Nein", sagte die Frau scharf. Ohne ein weiteres Wort drehte sie sich um und war verschwunden. Die Tür fiel hinter ihr ins Schloß. Einige Augenblicke später sauste die imposante Kutsche am Fenster vorbei, bog in das Gewühl des Haymarket ein und wurde vom Verkehr verschlungen.

Die beiden Männer sahen sich schweigend an.

„Ja, ich fresse einen Besen, wenn das hier nicht jeden Hahnenkampf schlägt!" rief Tom Cribb schließlich. „Wie auch immer, hier ist der Fünfer, Junge. Aber es ist eine komische Sache, da gibt es keinen Zweifel."

Nach einer eingehenden Beratung kamen sie überein, daß Tom Spring im Castle Inn auf Hampstead Heath trainieren sollte, damit Cribb vorbeikommen und ihm zusehen konnte. Dorthin ging Spring am Tag nach dem Gespräch mit seiner Gönnerin, und er machte sich sofort an die Arbeit – mit Stärkungsmitteln, Hanteln und den üblichen Atemübungen, um sich in Form zu bringen. Es fiel ihm jedoch schwer, die Sache ernst zu nehmen, und sein gutmütiger Trainer hatte dasselbe Problem.

„Ich brauche ein bißchen Tabak, Daddy“, sagte der junge Boxer, als sie am dritten Nachmittag zusammensaßen. „Es schadet doch nichts, wenn ich eine Pfeife rauche?“

„Na ja, Junge, ich habe ein schlechtes Gewissen dabei, aber hier, bitte sehr!“ sagte der Champion. „Meine Güte, ich weiß nicht, was Captain Barclay aus Ury sagen würde, wenn er sehen könnte, daß ein Mann raucht, während er im Training ist! Er wäre der richtige Trainer für dich! Für den zweiten Kampf gegen den Schwarzen hat er mich von sechzehn bis auf dreizehn runtergebracht.

Spring hatte seine Pfeife angezündet und lehnte sich zurück, während er eine blaue Rauchwolke ausstieß.

„Es war leicht für dich, Daddy, dich an strikte Vorgaben zu halten, weil du wußtest, was dich erwartet. Du kanntest den Zeitpunkt, den Ort und deinen Gegner. Du wußtest, daß du in einem Monat vor zehntausend Leuten in den Ring steigen würdest und daß in den Wetten hunderttausend auf dich gesetzt wurden. Du kanntest auch den Mann, gegen den du antreten würdest, und du würdest dich nicht von ihm unterkriegen lassen. Aber für mich ist es ganz anders. Soviel ich weiß, ist dies einfach die Laune einer Frau, die zu nichts führt. Wenn ich sicher wäre, daß es eine ernste Sache ist, würde ich diese Pfeife eher zerbrechen, als sie zu rauchen.“

Tom Cribb kratzte sich verwirrt den Kopf.

„Ich werde nicht klug daraus, Junge, ich weiß nur, daß ihr Geld gut ist. Denk mal nach, wieviele Männer auf der Liste könnten es auch nur eine halbe Stunde mit dir aufnehmen? Stringer kann es nicht sein, denn den hast du geschlagen. Da wäre noch Cooper, aber er ist oben in der Nähe von Newcastle. Er kann es also auch nicht sein. Dann haben wir noch Richmond, aber du müßtest nicht einmal deinen Mantel ausziehen, um mit ihm fertigzuwerden. Da ist der Gasman, aber er wiegt keine zwölf Stone. Und zu guter Letzt Bill Neat aus Bristol. Das ist es, Junge. Die Dame hat es sich in den Kopf gesetzt, dich entweder gegen den Gasman oder Bill Neat antreten zu lassen."

„Aber warum sagt sie es dann nicht? Ich würde für den Gasman hart trainieren – und noch härter für Bill Neat –, aber ich weiß nicht, ob ich mit dem Herzen bei der Sache sein kann, wenn ich gegen alle und keinen kämpfen muß, so wie jetzt."

Die Spekulationen der beiden Preisboxer wurden jäh unterbrochen. Die Tür ging auf, und die Dame trat ein. Als ihr Blick auf die beiden Männer fiel, wurde ihr schönes dunkles Gesicht rot vor Zorn, und sie musterte sie schweigend mit einer Verachtung, die beide in sich zusammenschrumpfen ließ. Sie standen da mit ihren langen qualmenden Pfeifen in der Hand, traten von einem Bein aufs andere und wirkten kleinlaut wie zwei gewaltige Mastiffs vor einer ungnädigen Herrin.

„So!" sagte sie und stampfte wütend mit dem Fuß auf. „Das nennen Sie also Training!"

„Es tut uns wirklich sehr leid, Ma'am", sagte der Champion verlegen. „Ich dachte nicht – ich wäre keinen Moment auf die Idee gekommen, daß –"

„Daß ich selbst kommen würde, um nachzusehen, ob Sie sich mein Geld unter Vorspiegelung falscher Tatsachen erschlichen haben? Nein, das hätten Sie wohl nicht gedacht. Sie Narr!" fauchte sie und ging plötzlich auf Tom Spring los. „Sie werden verlieren, und das ist das Ende!"

Der junge Mann sah ärgerlich auf. „Ich verbitte mir Beleidigungen, Ma'am. Ich habe ebenso meine Selbstachtung wie Sie. Ich gebe zu, daß ich während des Trainings nicht hätte rauchen sollen. Aber ich habe – kurz bevor Sie hereinkamen – zu Tom Cribb gesagt, daß es für mich wesentlich leichter wäre, mich vorzubereiten, wenn Sie aufhören würden, uns wie Kinder zu behandeln und uns erzählten, gegen wen ich wann und wo kämpfen soll."

„Das stimmt, Ma'am", sagte der Champion. „Ich weiß, daß es entweder der Gasman oder Bill Neat sein muß. Es gibt sonst niemanden. Also sagen Sie mir, wer es ist, und ich verspreche, daß er am Tag des Kampfes so beweglich wie eine Forelle sein wird.

Die Dame lachte verächtlich.

„Glauben Sie", sagte sie, „daß nur Leute boxen könne, die damit ihren Lebensunterhalt verdienen?"

„Bei George, es ist ein Amateur!" rief Cribb entgeistert. „Aber Sie erwarten doch nicht von Tom Spring, daß er drei Wochen trainiert, um gegen einen Korinther anzutreten?"

„Ich werde nichts weiter darüber sagen, wer es ist. Es geht Sie nichts an", sagte die Dame heftig. „Ich sage nur eins – wenn Sie nicht trainieren, lasse ich Sie fallen und nehme jemanden, der es tut. Glauben Sie nicht, daß Sie mich hereinlegen können, nur weil ich eine Frau bin. Ich kenne mich mit dem Sport ebenso aus wie jeder Mann."

„Das war mir klar, sobald Sie den Mund aufgemacht haben", sagte Cribb.

„Dann vergessen Sie es nicht. Ich werde Sie nicht noch einmal verwarnen. Wenn ich Grund zur Klage habe, wähle ich einen anderen Mann."

„Und Sie sagen mir nicht, gegen wen ich kämpfen werde?"

„Kein Wort! Aber Sie können mir glauben, daß Sie – oder irgendein anderer Boxer Englands – große Mühe haben werden, mit ihm fertigzuwerden. So, und nun machen Sie sich wieder an die Arbeit, und lassen Sie sich nicht wieder von mir beim Faulenzen erwischen.“ Sie musterte die beiden Männer mit hochmütigem Blick, drehte sich auf dem Absatz um und rauschte aus dem Raum.

Der Champion pfiff, als die Tür hinter ihr zufiel, und wischte sich die Stirn mit seinem roten Taschentuch ab, als er seinen verlegenen Freund ansah. „Meine Güte, Junge“, sagte er, „ab heute ist es ernst!“

„Ja“, sagte Tom Spring feierlich, „ab heute ist es ernst.“

Im Lauf der nächsten zwei Wochen kam die Dame mehrmals unangemeldet vorbei, um sich zu vergewissern, daß ihr Kämpfer gründlich auf den Kampf vorbereitet wurde, der vor ihm lag. Sie platzte zu den unmöglichsten Zeiten in das Trainingslager, hatte aber nie wieder über Nachlässigkeit des Boxers oder des Trainers klagen. Er stürzte sich in schweißtreibende Übungskämpfe, Fußmärsche von bis zu dreißig Meilen, kilometerlange Läufe, bei denen er schweißnass einer Postkutsche folgte und schier endloses Seilspringen, bis sein Trainer stolz verkünden konnte, daß „er kein Gramm Fett mehr am Körper hat und bereit ist, für sein Leben zu kämpfen“. Nur ein einziges Mal war die Dame bei einer dieser Visiten in Begleitung. Bei diesem Besuch war ein großer junger Mann bei ihr. Er war eine elegante, vornehme Erscheinung und hätte umwerfend gut ausgesehen, wenn ihm nicht irgend etwas zugestoßen wäre, wobei er sich die Nase gebrochen und alle Ebenmäßigkeit seines Gesichts eingebüßt hätte. Er stand wortlos mit düsterem Blick und verschränkten Armen da und betrachtete den phantastischen Oberkörper des Preisboxers als er, bis zur Taille unbekleidet, mit seinen Hanteln trainierte.

„Meinst du nicht, daß er es schaffen wird?“ sagte die Dame.

Der junge Dandy zuckte die Achseln. „Mir gefällt die Sache nicht, *cara mia.* Ich kann nicht so tun, als gefiele sie mir.“

„Es muß dir gefallen, George. Mir liegt soviel daran!"

„Es ist nicht englisch, weißt du – es erinnert an Lucrezia Borgia und Italien im Mittelalter. Mit der Liebe und dem Haß einer Frau ist es immer dasselbe, aber diese spezielle Manifestation davon scheint mir im London des neunzehnten Jahrhunderts fehl am Platz."

„Verdient er nicht eine Lektion?"

„Ja, ja, aber ich denke, es gibt andere Möglichkeiten dafür."

„Du hast eine andere Möglichkeit ausprobiert. Was hat es dir gebracht?"

Der junge Mann lächelte ziemlich finster, als er den Ärmel hochkrempelte und eine Narbe an seinem Handgelenk betrachtete.

„Sicher nicht allzuviel", sagte er.

„Du hast es versucht, und es ist schiefgegangen."

„Ja, das muß ich zugeben."

„Was bleibt sonst noch? Vor Gericht gehen?"

„Meine Güte, nein!"

„Dann bin ich an der Reihe, George, und ich lasse mich nicht einschüchtern."

„Ich glaube nicht, daß irgend jemand dich einschüchtern könnte, *cara mia.* Ich zum Beispiel käme nicht im Traum auf die Idee, das zu versuchen. Aber mir ist nicht danach, dabei mitzumachen."

„Ich habe dich doch gar nicht darum gebeten."

„Nein, sicher nicht. Du schaffst es leicht allein. Ich denke, wenn du mit deinem Preisboxer fertig bist, kehren wir nach London zurück. Um nichts in der Welt würde ich Goldoni in der Oper versäumen!"

Also gingen sie und ließen die Boxer ihrem Tagewerk nachgehen, er frivol und dilettantisch, sie mit der versteinerten Miene einer Schicksalsgöttin.

Und dann kam der Tag, an dem Cribb vermelden konnte, daß sein Mann so fit war, wie es nur ging.

„Mehr kann ich nicht tun, Ma'am. Er könnte um ein Königreich kämpfen. Noch eine Woche länger, und er wäre ausgepumpt."

Die Dame musterte Spring mit Kennermiene von Kopf bis Fuß.

„Ich denke, Sie können stolz auf ihn sein", sagte sie schließlich. „Heute ist Dienstag. Er wird übermorgen kämpfen."

„Sehr gut, Ma'am. Wo soll der Kampf stattfinden?"

„Das sage ich Ihnen, und bitte nehmen Sie alles genau zur Kenntnis. Sie, Mr. Cribb, werden Ihren Boxer am Mittwochmorgen um neun zum Golden Cross Inn am Charing Cross bringen. Er wird die Kutsche nach Brighton nehmen, bis Tunbridge Wells fahren und dort im *Royal Oak Arms* absteigen. Dort wird er die Erfrischungen zu sich nehmen, die Sie vor einem Kampf empfehlen. Er wird im *Royal Oak Arms* warten, bis er von einem Diener in dunkelrotem Livree eine mündliche oder schriftliche Nachricht bekommt. Diese Nachricht wird die letzten Anweisungen enthalten."

„Und ich werde nicht dabei sein?"

„Nein", sagte die Dame.

„Aber Ma'am", bat er, „ich darf ihn bis Tunbridge Wells begleiten? Es fällt mir schwer, jemanden erst für einen Kampf zu trainieren und ihn dann sich selbst zu überlassen."

„Das ist nicht zu ändern. Sie sind zu bekannt. Ihre Ankunft würde sich wie ein Lauffeuer herumsprechen, und das könnte meine Pläne durchkreuzen. Es kommt nicht in Frage, daß Sie erscheinen."

„Nun gut, ich richte mich nach Ihnen, aber es ist schwer."

„Ich nehme an", sagte Spring, „Sie möchten, daß ich meine Boxershorts und meine Schuhe mitbringe?"

„Nein, Sie bringen bitte nichts mit, was auf Ihren Beruf hinweist. Ich möchte, daß Sie genau die Sachen tragen, in denen ich Sie das erste Mal gesehen, also Kleidung, wie sie jeder Monteur oder Handwerker tragen könnte.“

Tom Cribbs bisher ausdrucksloses Gesicht wirkte jetzt absolut verzweifelt.

„Kein Sekundant, keine Berufskleidung, keine Schuhe – das ist gegen die Regeln. Wirklich, Ma’am, ich schäme mich, an so einem Kampf teilzunehmen. Ich weiß nicht, wie Sie die Sache überhaupt einen Kampf nennen können, wenn kein Sekundant dabei ist. Es ist nur eine Schlägerei – nichts weiter. Es ist zu spät, jetzt noch einen Rückzieher zu machen, aber ich wünschte, ich hätte mich nicht darauf eingelassen.“

Trotz aller Bedenken des Champions und seines Schülers setzte die herrschsüchtige Frau ihren Willen durch, und all ihre Anordnungen wurden peinlich genau befolgt.

Um neun Uhr fand Tom Spring sich in der Kutsche nach Brighton wieder und winkte Tom Cribb zum Abschied zu, der, umringt und bewundert von Kellnern und Stallburschen in der Tür des *Golden Cross* stand. Es war die herrliche Zeit des Jahres, in der der Sommer langsam Herbst wird und die ersten goldenen Tupfer auf Buchen und Farnen zu sehen sind. Der junge Mann vom Land atmete auf, als er die holprigen Straßen von Southwark und Lewisham hinter sich gelassen hatte, und Tom Spring war begeistert von der Schönheit der Landschaft, als die Kutsche, gezogen von sechs Apfelschimmeln, die Wiesen von Knowle passierte oder, nachdem sie den Riverside Hill überquert hatte, an der endlosen Weite des Weald of Kent entlangfuhr. Als sie die Tonbridge School hinter sich gelassen hatten, fuhren sie durch Southborough, und zuletzt ging es in Schlangenlinien eine steile Straße hinab, die von seltsamen Sandsteinfelsen gesäumt wurde. Die Kutsche hielt vor einem großen Wirtshaus, das den Namen trug, den man ihm genannt hatte. Er stieg aus, betrat den Speisesaal und bestellte das kurz angebratene Steak, das sein Trainer empfohlen hatte. Kaum war er fertig, als ein Diener in dunkelrotem Livree und mit sonderbar ausdruckslosem Gesicht den Raum betrat.

„Entschuldigen Sie bitte, Sir, sind Sie Mr. Spring – Mr. Thomas Spring aus London?“

„Das ist mein Name, junger Mann.“

„Dann soll ich Ihnen die Anweisung geben, daß Sie nach dem Essen eine Stunde warten. Danach werde ich in einem Phaeton vor der Tür abholen und Sie zum vorgesehenen Ort fahren.“

Der junge Boxer hatte sich nie von irgendeiner harten Erfahrung im Ring einschüchtern lassen. Der rauhe Zuspruch seiner Gönner, der Ansturm und das Geschrei der Menge und der Anblick seines Gegners hatten ihm immer Mut gemacht und ihn dazu angespornt, zu beweisen, daß er würdig war, im Mittelpunkt solchen Interesses zu stehen. Aber diese Einsamkeit und Ungewißheit waren tödlich. Er warf sich auf das Roßhaarsofa und versuchte, sich zu entspannen, war jedoch zu aufgewühlt. Schließlich stand er auf und ging in dem leeren Zimmer auf und ab. Plötzlich fiel ihm auf, daß jemand mit einem breiten runden Gesicht im Türrahmen stand und ihn beobachtete. Der Besitzer des Gesichts sah, daß er bemerkt worden war, und trat ein.

„Ich bitte um Verzeihung, Sir“, sagte er, „aber ich habe doch die Ehre mit Mr. Thomas Spring?“

„Zu Ihren Diensten“, sagte der junge Mann.

„Himmel! Es ist mir eine große Ehre, Sie unter meinem Dach willkommen zu heißen! Cordery heiße ich, Sir, und bin der Wirt dieses altmodischen Gasthofes. Ich dachte mir, daß meine Augen mich nicht getrogen haben. Ich bin auf meine bescheidene Art ein Patron des Rings, Sir, und ich war im letzten September in Moulsey dabei, als Sie

Jack Stringer aus Rawcliffe geschlagen haben. Ein großartiger Kampf, Sir, und sehr elegant ausgefochten, wenn ich so kühn sein darf, das zu sagen. Ich kann das beurteilen, Sir, denn es hat seit vielen Jahren keinen Kampf mehr in Kent oder Sussex gegeben, bei dem Joe Cordery nicht unter den Zuschauern war! Fragen Sie Mr. Gregson vom Chop-House in Holborn, der erzählt Ihnen alles über den alten Joe Cordery. Übrigens, Mr. Spring, ich nehme nicht an, daß berufliche Gründe Sie hierher geführt haben? Ein Blinder kann sehen, daß Sie bestens trainiert sind. Es würde mich sehr freuen, wenn Sie mir einen Wink geben könnten."

Spring kam der Gedanke, daß der Gastwirt mehr wußte als er und daß er, wenn er offen wäre, eine Menge erfahren würde. Aber er war jemand, der sein Wort hielt, und er dachte an das Versprechen, das er seiner Auftraggeberin gegeben hatte.

„Nur ein ruhiger Tag auf dem Land, Mr. Cordery. Das ist alles."

„Ach herrje! Und ich hatte gehofft, es läge etwas in der Luft. Ich habe einen Riecher für solche Dinge, Mr. Spring, und ich dachte, ich hätte den Braten gerochen. Aber natürlich müssen Sie es am besten wissen. Vielleicht möchten Sie mich heute nachmittag auf meiner Kutschfahrt begleiten, um die Hopfenanpflanzungen zu sehen – es ist genau die richtige Jahrszeit, Sir."

Tom Spring war nicht begabt im Lügen, und der Gastwirt fand seine gestammelten Ausreden sicher nicht glaubwürdig, ebensowenig, wie sie ihn von seiner ersten Vermutung abbrachten. Das Gespräch wurde jedoch vom Kellner unterbrochen, der die Nachricht brachte, daß ein Phaeton vor der Tür wartete.

Die Augen des Gastwirts leuchteten vor Spannung und Eifer. „Haben Sie nicht gesagt, daß Sie hier niemanden kennen, Mr. Spring?"

„Es ist nur ein guter Freund, Mr. Cordery, und er hat seinen Wagen für mich hergeschickt. Wahrscheinlich werde ich heute nacht mit einer Kutsche in die Stadt fahren. Aber ich werde nach ein oder zwei Stunden bei Ihnen vorbeischauen und einen Tee mit Ihnen trinken."

Draußen saß der Diener in Rot hinter einem schönen schwarzen Pferd in einem Phaeton, der zwei Vorder- und zwei Rücksitze hatte. Tom Spring wollte sich gerade neben ihn setzen, als der Diener ihm zuflüsterte, daß er laut Anweisung hinten sitzen solle. Dann rollte der Phaeton davon, und der aufgeregte Gastwirt, überzeugter denn je, daß etwas in der Luft lag, rannte in seinen Stall und brüllte den Stallburschen etwas zu. Wenige Minuten später war er unterwegs und forschte an jeder Wegkreuzung nach einem schwarzen Pferd und einen Diener in rotem Livree.

Der Phaeton fuhr derweil in Richtung Crowborough. Nach ein paar Meilen verengte sich die Straße zu einem schmalen Feldweg, überdacht von den herbstlich gefärbten Baumkronen der Buchen. Durch diesen goldenen Tunnel stolzierte eine Frau, hochgewachsen und anmutig, die dem Phaeton den Rücken zuwandte. Als der Wagen sie einholte, trat sie beiseite und hob den Blick, während der Kutscher die Zügel anzog.

„Ich verlasse mich darauf, daß Sie in Bestform sind", sagte sie und sah den Preisboxer ernst an. „Wie fühlen Sie sich?"

„Sehr gut, Ma'am, ich danke Ihnen."

„Ich setze mich neben Sie, Johnson. Wir haben noch etwas zu fahren. Sie werden durch den Lower Warren fahren und dann die Straße nehmen, die um den Gravel Hanger herumführt. Ich werde Ihnen sagen, wo Sie anhalten müssen. Fahren Sie langsam, wir haben noch zwanzig Minuten."

Mit dem Gefühl, als sei alles nur ein sonderbarer Traum, ließ sich der junge Boxer durch einen Irrgarten aus abgelegenen Landstraßen fahren, bis der Phaeton an einer Pforte hielt, die zu einer Anpflanzung von Fichten führte. Auch der Boden war dicht bewachsen. Hier stieg die Dame aus und rief Spring zu, er solle aussteigen.

„Warten Sie unten an der Landstraße“, sagte sie zum Kutscher. „Es wird eine Weile dauern. Nun, Mr. Spring, wollen Sie mir bitte folgen? Ich habe einen Brief geschrieben und eine Vereinbarung getroffen.“

Sie durchquerte die Fichtenschonung auf einem gewundenen Pfad. Dann ging es über einen Zauntritt und an einem anderen Wäldchen vorbei, in dem die lauten Rufe der Fasane widerhallten. An der Seite befand sich ein schöner Park mit Eichen am Hang eines Hügels. Der Park erstreckte sich bis zu einem prächtigen elisabethanischen Herrenhaus mit einer von Säulen umgebenen Terrasse. Eine einsame Gestalt durchschritt den Park und ging auf den Wald zu.

Die Lady packte den Preisboxer am Arm. „Das ist Ihr Mann!“ sagte sie.

Sie standen im Schatten der Bäume, so daß sie ihn sehen konnten, er sie jedoch nicht. Tom Spring sah den Mann an, der noch ein paar hundert Yard entfernt war. Es war ein großer, kräftig gebauter Mann in einem blauen Mantel mit vergoldeten Knöpfen, die in der Sonne glänzten. Er trug weiße Cordhosen und Reitstiefel. Er ging mit festen Schritten und schlug sich bei jedem Schritt mit der Hundepeitsche, die an seinem Handgelenk hing, gegen das Bein. Das Auftreten des Mannes wirkte sehr energisch und zielbewußt.

„Oh, er ist ein Gentleman!“ sagte Spring. „Also, Ma’am, damit habe ich nicht gerechnet. Ich habe nichts gegen diesen Mann, und er kann mir nichts anhaben. Was soll ich mit ihm machen?“

„Kämpfen Sie mit ihm! Schlagen Sie ihn windelweich! Dafür sind Sie hier!“

Tom Spring wandte sich angewidert ab. „Ich bin hier, um zu kämpfen, Ma'am, aber nicht, um einen Mann zusammenzuschlagen, der nicht ans Kämpfen denkt. Ich blase die Sache ab."

„Ihnen gefällt sein Anblick nicht", zischte die Frau. „Sie haben Ihren Meister gefunden."

„Mag sein. Das ist nichts für mich."

Die Frau war blaß vor Wut. „Sie Narr!" schrie sie. „Soll jetzt alles in letzter Minute schiefgehen? In diesem Umschlag sind fünfzig Pfund – wollen Sie darauf verzichten?"

„Es ist ein feiges Geschäft. Ich werde es nicht tun!"

„Feige? Der Mann hat zwei Stone mehr als Sie, und er kann jeden Amateur in England schlagen."

Der junge Boxer war erleichtert. Nun gut, wenn er auf ehrliche Weise diese fünfzig Pfund verdienen konnte, hing viel davon ab, daß er gewann. Wenn er nur hätte sicher sein können, daß es ein würdiger und bereitwilliger Gegner sein würde!

„Woher wissen Sie, daß er so gut ist?" fragte er.

„Ich sollte es wissen. Ich bin seine Frau."

Im gleichen Moment drehte sie sich um und war wie der Blitz hinter den Büschen verschwunden. Der Mann war jetzt ganz in der Nähe, und Tom Springs Skrupel legten sich, als er ihn ansah. Es war ein kräftiger, breitschultriger Zeitgenosse um die Dreißig, mit rohem Gesicht, buschigen Augenbrauen und verkniffenem Mund. Er mußte mindestens fünfzehn Stone wiegen und bewegte sich wie ein trainierter Athlet. Als er herumfuhr, erhaschte er einen Blick auf Spring, der zwischen den Bäumen stand, und er beschleunigte sofort seine Schritte und sprang mit einem Satz über den Zaun, der sie voneinander trennte.

„Hallo!" sagte er, blieb ein paar Yard von ihm entfernt stehen und musterte ihn von Kopf bis Fuß. „Wer zum Teufel sind Sie, wo zum Teufel kommen Sie her, und was zum Teufel tun Sie auf meinem Grund und Boden?"

Sein Auftreten war noch ruppiger als seine Worte und ließen Spring vor Zorn erröten.

„Hören Sie, Mister", sagte er, „Sie brechen sich nicht die Zunge ab, wenn Sie sich höflicher ausdrücken. Sie haben kein Recht, so mit mir zu reden."

„Sie Satansbraten!" schrie der andere. „Ich befördere Sie mit meiner Stiefelspitze von meinem Grundstück. Sie wagen es, hier in meinen Besitz einzudringen und mir Widerworte zu geben?" Er ging mit drohender Miene auf ihn zu und hob seine Hundepeitsche. „Na, verschwinden Sie?" schrie er und ließ die Peitsche durch die Luft sausen.

Tom Spring machte einen Satz nach hinten, um dem bevorstehenden Schlag auszuweichen.

„Langsam, Mister", sagte er. „Es ist nur fair, daß Sie erfahren, wo Sie sind. Ich bin Spring, der Preisboxer. Vielleicht haben Sie meinen Namen schon gehört."

„Ich dachte mir gleich, daß du einer von der Sorte bist", sagte der Mann. „Ich habe schon mit ein oder zwei Leuten deines Schlages zu tun gehabt und habe noch keinen gesehen, der es auch nur fünf Minuten mit mir aufnehmen konnte. Vielleicht wollen Sie es auch versuchen?"

„Wenn Sie mich mit der Hundepeitsche schlagen, Mister –"

„Aber gern!" Er versetzte dem jungen Mann einen schmerzhaften Hieb auf die Schulter. „Wird Ihnen das beim Kämpfen helfen?"

„Ich bin hergekommen, um zu kämpfen", sagte Tom Spring und befeuchtete seine trockenen Lippen mit der Zunge. „Sie können die Peitsche weglegen, Mister, denn ich werde kämpfen. Ich bin trainiert und bereit. Aber Sie wollten es so. Geben Sie hinterher nicht mir die Schuld."

Der Mann streifte sich den blauen Mantel von seinen breiten Schultern. Darunter trug er eine Satinweste. Er hängte beide Kleidungsstücke an einen Erlenzweig.

„Du und trainiert?“ murmelte er. „Bei Gott, ich werde dich trainieren, bevor ich fertig bin!“

Alle Befürchtungen Tom Springs, er würde die Situation ausnutzen, verflogen angesichts des selbstsicheren Auftretens des Mannes und seines beeindruckenden Körperbaus, der noch deutlich sichtbarer wurde, als er seine schwarze Satinkravatte, an dem ein großer Rubin funkelte, abnahm und den weißen Kragen, der sich um seinen muskulösen Stiernacken legte, zur Seite warf. Dann nahm er mit großer Geste ein Paar goldener Manschettenknöpfe ab. Als er seine Ärmel aufkrempelte, kamen zwei dichtbehaarte und muskulöse Arme zum Vorschein, die eine gute Vorlage für einen Bildhauer gewesen wären.

„Kommen Sie näher zum Zaun“, sagte er, als er fertig war. „Da ist mehr Platz.“

Der Preisboxer hatte sich gleichzeitig mit seinem furchterregenden Gegner vorbereitet. Sein Hut, Mantel und Weste hingen an einem Busch. Er ging zu dem freien Platz, den der andere vorgeschlagen hatte.

„Wollen wir uns prügeln oder kämpfen?“ fragte der Amateur ungerührt.

„Kämpfen.“

„Sehr gut“, sagte der andere. „Hände hoch, Spring. Versuchen Sie es.“

Sie standen sich in einem Ring gegenüber, der eine Lichtung am Waldrand war und von einem Pfad begrenzt wurde. Die siegessichere Miene war aus dem Gesicht des Amateurs verschwunden, aber auf seinen Lippen lag ein grimmiges Lächeln, und die Augen unter den buschigen Brauen funkelten bedrohlich. An seiner Haltung war deutlich zu erkennen, daß er schon viele Kämpfe dieser Art siegreich bestritten hatte. Tom Spring tänzelte nach rechts und links und suchte nach einer Gelegenheit, den Kampf zu eröffnen. Dabei wurde ihm plötzlich bewußt, daß er weder mit Stringer noch mit dem furchterregenden Painter einen gewandteren Gegner vor sich gehabt hatte. Die Linke des Amateurs war schnell, seine Schläge waren tief, er lehnte sich zurück, um seinen Kopf vor Gefahr zu schützen. Spring versuchte es mit einem leichten Standardschlag mit der Führhand und einem weiteren ins Gesicht, aber sofort prasselten Schläge wie von einem Schmiedehammer auf ihn ein, und er hatte vollauf zu tun, sie abzuwehren. Er machte einen Satz nach hinten, aber vor diesem muskulösen Wirbelwind gab es kein Entkommen. Ein harter Schlag setzte ihn außer Gefecht, ein zweiter traf ihn auf die Schulter, und der Preisboxer ging zu Boden, während sein Gegner auf ihm lag. Beide sprangen wieder auf, starrten sich wütend an und nahmen ihre Positionen wieder ein.

Es bestand kein Zweifel, daß der Amateur nicht nur schwerer, sondern auch stärker war. Zweimal brachte er Spring zu Fall, einmal durch die Wucht seiner Schläge und einmal, indem er ihn auf den Rücken warf. Solche Stürze hätten einen weniger sportlichen Mann ausgelaugt, aber für Tom Spring waren das unbedeutende Betriebsunfälle. Obwohl er bereits blaue Flecken hatte und außer Atem war, war er jedesmal sofort wieder auf den Beinen. Aus seinem Mund rann Blut, aber seine blauen Augen verrieten, daß noch genug Kampfgeist in ihm steckte. Er kannte jetzt die Taktik seines Gegners und war darauf gefaßt. Die vierte Runde lief wie die vorigen in bezug auf den Angriff, aber ganz anders, als es um die Verteidigung ging. Bisher hatte der junge Mann seinem Gegner nichts entgegensetzen können. Diesmal hielt er stand. Als sein Gegner auf ihn losging, versetzte er ihm einen Schlag mit seiner Linken, ausgeführt mit aller Kraft, die er aufbringen konnte und doppelt wirksam durch das Überraschungsmoment. Der Zusammenprall war so heftig, daß der Boxer selbst auf dem Rasen ins Taumeln geriet. Der Amateur wankte ein paar Schritte rückwärts, lehnte sich mit der Schulter an einen Baumstumpf und hielt sich das Gesicht.

„Sie geben am besten auf“, sagte Spring. „Sonst werden Sie Ihr blaues Wunder erleben.“

Der andere stieß einen unartikulierten Fluch aus und spuckte einen Schwall Blut aus. „Das könnte dir so passen!“ sagte er.

Selbst jetzt stellte der Boxer fest, daß seine Aufgabe keine Kleinigkeit war. Sein Mißerfolg war dem schwereren Mann eine Lehre gewesen, er versuchte nicht mehr, den Kampf Hals über Kopf zu gewinnen oder einen erfahrenen Boxer einfach niederzuschlagen wie einen Dorftrottel auf dem Jahrmarkt. Er kämpfte ebenso mit dem Kopf und den Füßen wie mit den Fäusten. Heimlich gestand sich Spring ein, daß dieser Mann, wenn er Erfahrung im Ring gehabt hätte, es mit den Besten hätte aufnehmen können. Er war stark und schnell wie der Blitz, die härtesten Schläge prallten an ihm ab, als trüge er eine eiserne Rüstung, und er brachte seinen leichteren Gegner zu Fall, sobald er die Möglichkeit dazu hatte. Aber der eine betäubende Schlag, den er abbekam, bevor er seinen Gegner zu respektieren gelernt hatte, wirkte nach. Seine Sinneswahrnehmung war getrübt, seine Schläge nicht mehr so treffsicher. Außerdem kämpfte er gegen einen Mann, der unter all den Boxern, die sich einen Namen gemacht haben, der sicherste und der gelassenste war, und gegen jemanden, der keine Chance ungenutzt ließ. Langsam, aber sicher erlahmten seine Kräfte mit jeder Runde, die er gegen seinen ungerührten, schnellen und schlagkräftigen Gegner kämpfte. Am Ende stand er erschöpft da und atmete schwer. Was von seinem Gesicht noch zu sehen war, war krebsrot vor Anstrengung. Er hatte die Grenze dessen erreicht, was ein Mensch ertragen kann. Sein Gegner stand vor ihm und wartete ab. Auch er war übel zugerichtet, aber noch ebenso kampfeslustig und gefährlich wie vorher.

„Ich schlage vor, Sie geben auf“, sagte er. „Sie sind erledigt!“

Aber das männliche Ehrgefühl des anderen sträubte sich dagegen. Mit einem Wutschrei schlug er alle ausgefeilte Technik in den Wind und stürzte sich auf seinen Gegner, um mit beiden Fäusten wahllos auf ihn einzuprügeln. Einen Moment lang stand Spring regungslos da. Dann sprang er hastig zur Seite und versetzte seinem Gegner einen fürchterlichen Schlag, und der Amateur warf die Arme in die Luft, fiel zu Boden und streckte, das malträtierte Gesicht zum Himmel gewandt, alle viere von sich.

Einen Moment lang stand Tom Spring da und starrte auf seinen bewußtlosen Gegner hinunter. Dann spürte er, wie sich eine weiche, warme Hand auf seinen bloßen Arm legte. Die Frau stand neben ihm.

„Jetzt ist Ihr Augenblick!“ rief sie, und ihre dunklen Augen funkelten. „Los! Geben Sie ihm den Rest!“

Spring schüttelte sie mit einem angewiderten Ausruf ab, aber sie packte sofort wieder zu.

„Ich gebe Ihnen fünfundsiebzig Pfund –“

„Der Kampf ist zu Ende, Ma’am. Ich kann ihn nicht anrühren.“

„Hundert Pfund – hundert! Ich habe sie dabei. Würden Sie hundert Pfund ablehnen?“

Er drehte sich auf dem Absatz um. Sie schoß an ihm vorbei und versuchte, dem am Boden liegenden Mann ins Gesicht zu treten. Spring zog sie grob zur Seite, bevor sie ihn verletzen konnte.

„Lassen Sie ihn!“ rief er und schüttelte sie. „Sie sollten sich schämen, nach einem Mann zu treten, der am Boden liegt!“

Mit einem Grunzen wälzte sich der Verletzte auf die Seite. Dann setzte er sich langsam hin und fuhr sich mit der feuchten Hand über das Gesicht. Endlich rappelte er sich auf.

„Nun gut“, sagte er und zuckte seine breiten Schultern, „es war ein fairer Kampf. Ich kann mich nicht beklagen.

Ich war Jacksons Lieblingsschüler, aber ich gebe zu, daß Sie der beste sind.“ Plötzlich fiel sein Blick auf das wütende Gesicht der Frau. „Hallo, Betty!“ rief er. „Also habe ich es dir zu verdanken. Ich hätte damit rechnen sollen, als ich deinen Brief bekam.“

„Ja, mein Gemahl“, sagte sie mit einem spöttischen Knicks. „Du hast es mir zu verdanken. Dein kleines Frauchen hat alles eingefädelt. Ich habe hinter dem Gebüsch auf der Lauer gelegen und gesehen, wie du geprügelt wurdest wie ein Hund. Es ist dir nicht ganz so übel ergangen, wie ich geplant hatte, aber ich denke, es wird eine Weile dauern, bevor sich eine Frau um deines Aussehens willen in dich verliebt. Erinnern Sie sich an diese Worte, mein Gemahl? Erinnerst du dich?“

Er stand einen Moment wie versteinert da. Dann schnappte er sich die Peitsche, die auf dem Boden lag, und blickte grimmig unter seinen buschigen Augenbrauen hervor.

„Ich glaube, du hast den Teufel im Leib!“ schrie er.

„Ich frage mich, was die Gouvernante denken wird?“ sagte sie.

Er sah rot und stürzte mit seiner Peitsche auf sie zu, aber Tom Springs warf sich dazwischen und hielt ihn zurück.

„Das bringt doch nichts, Sir; ich schaue mir das nicht an.“

Der Mann funkelte seine Frau über die Schulter des Preisboxers hinweg wütend an.

„Also geht es um den lieben George!“ sagte er mit einem bitteren Lachen. „Aber der arme George mit der gebrochenen Nase scheint abserviert zu sein. Du hast einen Preisboxer aufgegabelt, wie? Und einen neuen Liebhaber gefunden!“

„Du Lügner!“ japste sie.

„Ha, meine Lady, das kränkt deine Eitelkeit, nicht wahr? Ihr werdet nebeneinander auf der Anklagebank sitzen – wegen Hausfriedensbruchs und eines tätlichen Angriffs.Was für ein Anblick – großer Gott, was für ein Anblick!“

„Das wirst du nicht tun, John!“

„Und ob, bei – ! Warte drei Minuten, dann wirst du es schon sehen!“ Er schnappte sich seine Kleider, die am Busch hingen, und humpelte über den Acker davon, so schnell er konnte, und unterwegs blies er eine Trillerpfeife.

„Schnell, schnell!“ schrie die Frau. „Wir dürfen keine Sekunde verlieren.“ Ihr Gesicht war kreidebleich, und sie zitterte und keuchte vor Aufregung. „Er wird die ganze Gegend auf Trab bringen. Das wäre furchtbar – furchtbar!“

Sie lief wie ein Hase im Zickzack den gewundenen Weg hinunter. Spring folgte ihr und zog sich im Gehen wieder an. Auf einem Feld auf der rechten Seite beeilte sich ein Wildhüter mit seinem Gewehr in der Hand, dem Pfeifton zu folgen. Zwei Arbeiter, die Heu verluden, hatten ihre Arbeit unterbrochen und sahen sich um, die Forken in der Hand.

Aber der Weg war leer, und der Phaeton wartete auf sie. Das Pferd fraß Gras am Straßenrand, und der Kutscher war auf seiner Bank fast eingeschlafen. Die Frau sprang in den Wagen und wies Spring mit einer Geste an, stehenzubleiben.

„Hier sind Ihre fünfzig Pfund“, sagte sie und gab ihm einen Schein. „Sie waren ein Dummkopf, daß Sie nicht hundert daraus gemacht haben, als Sie die Chance dazu hatten. Ich bin fertig mit Ihnen.“

„Aber wo gehe ich dann hin?“ fragte der Preisboxer und sah sich um. Überall Landstraßen in Serpentinenkurven.

„Zum Teufel!“ sagte sie. „Fahren Sie, Johnson!“

Der Phaeton ratterte die Straße hinunter und verschwand hinter einer Kurve. Tom Spring war allein.

Überall waren Rufe und Pfiffe zu hören. Es war klar, daß es seiner Auftraggeberin völlig gleichgültig war, ob er Schwierigkeiten bekam oder nicht, solange ihr die Peinlichkeit erspart blieb, sein Schicksal zu teilen. Auch ihm selbst war es mittlerweile gleichgültig. Er war todmüde, sein Kopf schmerzte von den Schlägen und Stürzen, denen er ausgesetzt gewesen war, und seine Gefühle waren verletzt von der Behandlung, die er erfahren hatte. Er ging langsam ein paar Yard die Straße hinunter, hatte aber keine Ahnung, welchen Weg er einschlagen mußte, um nach Tunbridge Wells zu kommen. In der Ferne hörte er Hunde bellen und nahm an, daß sie auf ihn angesetzt waren. In diesem Fall konnte er nicht hoffen, ihnen zu entkommen und konnte genausogut bleiben, wo er war, und auf sie warten. Er brach einen Ast aus der Hecke und setzte sich düster hin und harrte der Dinge, die da kommen sollten.

Aber der erste, der erschien, war ein Freund, kein Feind. Ein kleiner Wagen, gezogen von einer schnellen Fuchsstute, bog um die Straßenecke. Auf dem Wagen saß der rundliche Wirt des *Royal Oak,* schwang die Peitsche und sah sich immer wieder hastig um.

„Springen Sie rein, Mr. Spring, springen Sie rein!“ rief er, als er bei Tom angekommen war. „Sie sind alle im Anmarsch – Hunde und Männer! Kommen Sie! Na, auf geht’s, Ginger!“ Er sprach kein weiteres Wort, bis sie nach einer Fahrt in höllischem Tempo zwei Meilen hinter sich gelassen hatten und wieder in Sicherheit auf der Straße nach Brighton waren. Dann ließ er die Zügel locker auf dem Rücken des kleinen Pferdes hängen und schlug Tom Spring mit seiner großen Hand auf die Schulter.

„Phantastisch!“ rief er. Sein breites rotes Gesicht glühte vor Eifer. „O Gott! Es war wundervoll!“

„Was!“ rief Spring. „Sie haben den Kampf gesehen?“

„Jede Runde! Bei George! Wenn ich mir vorstelle, selbst einmal einen solchen Kampf gehabt zu haben! Oh, aber es war großartig", rief er in einem Rausch der Begeisterung, „zu sehen, wie Seine Lordschaft wie ein gekeulter Ochse zu Boden ging und die Lady heimlich in die Hände geklatscht hat! Ich dachte mir, daß etwas im Busch war, und bin Ihnen den ganzen Weg entlang gefolgt. Als Sie haltmachten, habe ich den kleinen Ginger in einer Obstplantage angebunden und bin Ihnen durch den Wald nachgeschlichen. Gut, daß ich es getan habe, denn die ganze Gemeinde war in Aufruhr!"

Aber Tom Spring starrte ihn nur entgeistert an. „Seine Lordschaft!" keuchte er.

„Kein Geringerer, mein Junge. Lord Falconbridge, Chairman of the Bench, Deputy Lieutenant of the County, Peer of the Realm – das ist er!"

„Gütiger Gott!"

„Und Sie haben es nicht gewußt? Vielleicht besser so – sonst hätten Sie wohl nicht so fest draufgehauen, und denken Sie daran, wenn Sie das nicht getan hätten, hätte er Sie besiegt. In dieser Grafschaft kann es kein Mann mit ihm aufnehmen. Er wird mit zwei, drei Wilddieben und Zigeunern auf einmal fertig und ist der Schrecken der Stadt. Aber Sie haben es ihm gezeigt, und zwar gründlich. O Mann, es war herrlich!"

Tom Spring war so betäubt von dem, was er gehört hatte, daß er nur dasitzen und staunen konnte. Erst als er wieder im Gasthaus war, ein Bad genommen und eine rustikale Mahlzeit verzehrt hatte, ließ er nach dem Wirt, Mr. Cordery, schicken. Er schilderte ihm die ganze Kette von Ereignissen, die zu seinem besonderen Erlebnis geführt hatte, und bat ihn, nach Möglichkeit Licht ins Dunkel zu bringen. Cordery lauschte der Geschichte andächtig und mit vergnügtem Glucksen. Schließlich verließ er das Zimmer und kam mit einer zerfledderten Zeitung zurück, die er auf sein Knie legte und glättete.

„Das ist die *Pantiles Gazette*, Mr. Spring, die ärgste Klatschzeitung, die je gedruckt wurde. Ich denke, das gibt einen schönen Artikel, wenn die Spürnasen Wind von dem bekommen, was heute passiert ist. Aber ich werde kein Sterbenswörtchen verraten und die Lady auch nicht – und Seine Lordschaft mit Sicherheit auch nicht, obwohl er in seiner Rage ein großes Geschrei angestimmt hat. Hier ist es, Mr. Spring, und ich werde es Ihnen vorlesen, während Sie Ihre Pfeife rauchen. Der Artikel ist aus dem Juli letzten Jahres und lautet wie folgt:

Tumult in der High Society

Es ist ein offenes Geheimnis, daß die Differenzen, die bekanntlich seit einigen Jahren zwischen Lord F. und seiner schönen Frau bestehen, in den letzten Tagen zu einem Höhepunkt gekommen sind. Die Leidenschaft Seiner Lordschaft für Sport und – wie gemunkelt wird – die Aufmerksamkeit, die er einer einfachen Angestellten seines Haushalts bezeigt hat, haben, so heißt es, Lady F.s Liebe schon lange abkühlen lassen. Vor kurzem hat sie Trost und Freundschaft bei einem Herrn gesucht, den wir Sir George W. nennen wollen. Besagter Sir George, ein berühmter Herzensbrecher und einer der bestaussehendsten Männer Englands, widmete sich gern der Aufgabe, die unglückliche Schönheit zu trösten. Der Aufsteiger hatte jedoch großes Pech, sowohl was die Gefühle der Lady als auch seine eigene Schönheit betrifft. Die beiden Turteltauben wurden bei einem Rendezvous in der Nähe des Hauses von Lord F. überrascht, der einen Suchtrupp seiner Diener anführte. Lord F. ließ ungerührt vom Wehklagen der Lady an Ort und Stelle die

> *Fäuste sprechen, um den unglücklichen Schürzenjäger in einer Weise zu bestrafen, die, wie er selbst zum Abschied sagte, dafür sorgen würde, daß ihn nie wieder eine Frau wegen seines Aussehens lieben würde. Lady F. hat Seine Lordschaft verlassen und sich nach London begeben, wo sie jetzt zweifellos damit beschäftigt ist, den lädierten Apollo zu pflegen. Man rechnet fest damit, daß die Geschichte ein Duell zur Folge haben wird, aber bis zur Drucklegung dieser Ausgabe haben uns noch keine diesbezüglichen Nachrichten erreicht.*

Der Gastwirt legte die Zeitung hin. „Sie waren in der High Society unterwegs, Mr. Thomas Spring“, sagte er.

Der Boxer fuhr sich mit der Hand über sein zerschundenes Gesicht. „Ach, Mr. Cordery“, sagte er, „die Mittelschicht ist gut genug für mich.“

Aus dem Rennen

Es war nördlich von Butser auf der Anhöhe der Hampshire Downs. Etwa zwei Meilen tiefer befanden sich Bäume, zwischen denen man die grauen Dächer der roten Häuser von Petersfield schimmern sah, die die Anhöhe umgaben. Die Landschaft sah mit ihren wellenförmigen Hügeln aus wie ein grüner See aus Urzeiten. Auf dem Grund, genau an der Stelle, an der Abhang und Ebene miteinander verschmelzen, stand ein gemütliches Bauernhaus aus Backstein, aus dessen Schornstein sich eine graue Rauchfahne schlängelte. Mit zwei Kuhställen, einigen Heuhaufen und Feldern, die sich weit ausdehnten und auf denen der reifende Weizen gelb leuchtete, sah es genauso aus, wie man sich das Anwesen eines reichen Bauern vorstellt.

Auf den grünen Anhöhen stand hier und da eine Gruppe von Ginsterbüschen mit gelben Blüten. Links schlängelte sich die Portsmouth Road, gesäumt von Telegraphenmasten, den Hügel hinauf. Auf dem Rasen klaffte ein weißer Abgrund – der große Kalksteinbruch von Butser. Aus seinen Tiefen ertönte das Murmeln von Stimmen und das Geräusch von Hämmern. Über dem Abgrund sah man zwischen zwei grünen Hügeln ein Stück vom blaugrauen Meer und ein weißes Segelschiff.

Unten an der Portsmouth Road standen zwei Frauen und unterhielten sich. Eine war etwas älter, rosig und rundlich und trug ein gelbbraunes Paisley-Umhängetuch und ein Kleid aus grobem Sergestoff. Die andere war jung und hatte helles Haar, große graue Augen und ihr Gesicht war mit Sommersprossen übersät wie das Ei eines Regenpfeifers. Ihre hübsche weiße Bluse, der gutsitzende schwarze Gürtel und der schlichte, enganliegende Rock gaben ihr ein elegantes Aussehen, das ihrem Gegenüber fehlte, doch die beiden hatten genug Ähnlichkeit miteinander, daß man sie als Mutter und Tochter erkennen konnte. Die eine war verwittert und abgehärtet von der schweren Arbeit auf dem Land, die andere frisch und anschmiegsam dank des kultivierten Einflusses des Internats. Aber ihr Gang und die Haltung wiesen die beiden als ein Fleisch und Blut aus.

„Mutter, ich kann Vater auf dem Fünf-Acre-Feld sehen!" rief die jüngere und zeigte in die Richtung des Bauernhofs.

Die ältere Frau kniff die Augen zusammen und beschattete sie mit ihrer Hand.

„Wer ist da bei ihm?" fragte sie.

„Das ist Bill."

„Oh, der ist nicht wichtig. Er ist ein Schwätzer."

„Ich weiß nicht, Mutter – es ist jemand mit Strohhut. Adam Wilson vom Steinbruch trägt einen Strohhut."

„Ja, natürlich, das ist Adam – klar! Nun, ich bin froh, daß wir rechtzeitig zu Hause sind, um ihn noch zu sehen. Er wäre enttäuscht gewesen, wenn er gekommen wäre und ihr nicht zu Hause gewesen wäret. Verflixter Staub! So kann man sich doch nicht sehen lassen!"

Ihrer Tochter schien der gleiche Gedanke gekommen zu sein, denn sie hatte ihr Taschentuch hervorgezogen und rieb damit den Staub von ihren Ärmel und ihrem Kleid.

„Gut so, Dolly. Aber, Gott segne dich, Dolly, ihm macht es nichts aus. Er sieht nicht auf dein Kleid, sondern in dein Gesicht. Ich wäre nicht überrascht, wenn er hergekommen wäre, um bei deinem Vater um dich anzuhalten."

„Ich finde, er sollte lieber bei *mir* um mich anhalten!“ bemerkte das Mädchen.

„Oh, aber du wirst ihn nehmen, wenn er das tut, Dolly.“

„Da bin ich nicht so sicher, Mutter.“

Die ältere Frau schlug die Hände über dem Kopf zusammen. „Himmel! Ich weiß nicht, was mit den Mädels los ist – wirklich nicht! Das liegt an den Internaten. Wenn zu meiner Mädchenzeit ein ordentlicher junger Mann uns den Hof machte, haben wir einfach ja oder nein gesagt. Wir haben ihn nicht wie ein halbgeschorenes Schaf im unklaren gelassen. Und du hast gleich zwei an der Angel und kannst keinem eine Antwort geben!“

„Oh, Mutter, genau das ist es“, rief die Tochter mit einem lachenden und einem weinenden Auge. „Vielleicht wüßte ich, was ich sagen soll, wenn sie einzeln kämen!“

„Was hast du gegen Adam Wilson?“

„Nichts – aber ich habe auch nichts gegen Elias Mason.“

„Ich auch nicht. Aber ich weiß, wer am besten aussieht.“

„Das Aussehen ist nicht alles, Mutter. Du solltest nur hören, wie Elias Mason redet – oder wie er Gedichte rezitiert!“

„Na, dann heirate Elias.“

„Oh, aber ich bringe es nicht fertig, Adam zurückzuweisen.“

„Also wirklich! So ein Mädchen ist mir noch nicht begegnet. Du kommst mir vor wie ein Kalb zwischen zwei Heuhaufen, das mal aus dem einen und mal aus dem anderen ein paar Halme herauszupft. Unter hundert Mädchen ist keine so gut dran wie du. Da ist zum einen Adam mit drei Pfund zehn pro Woche, jetzt schon Vorarbeiter im Kalksteinbruch und wahrscheinlich eines Tages Hauptverantwortlicher, wenn er verschont bleibt. Und da ist zum anderen Elias, der im Telegrafenamt der Post arbeitet und auch gut verdient. Du kannst sie nicht beide an der langen Leine zappeln lassen. Du mußt dich für einen der beiden entscheiden, und ich fürchte, du wirst keinen bekommen, wenn du nicht mit diesem Tanz auf zwei Hochzeiten aufhörst."

„Das ist mir egal – ich will beide nicht! Was wollen sie dauernd hier?"

„So sind die Menschen eben, Mädchen. Sie können nicht anders. Wenn sie nicht kommen würden, wärst du vielleicht die erste, die sich darüber beklagt. In der Bibel steht: ‚Der Mann ist für die Frau geboren, wie der Spatz aufwärts fliegt.'" Sie warf ihrer Tochter einen Seitenblick zu, als sei sie sich ihres Zitats nicht sicher. „Ach, da kommt der verflixte Bill. Die Heilige Schrift sagt, daß wir alle aus Lehm gemacht seien, aber ich kenne niemandem, bei dem man das so sieht wie bei Bill."

Sie waren von der Landstraße in einen schmalen Weg abgebogen, auf dem die Räder der Kutschen tiefe Rillen hinterlassen hatten und der zum Bauernhof führte. Ein junger Mann kam ihnen entgegengerannt, der – ungelenk und jungenhaft, aber furchtlos –, mit seinen gelben Holzpantinen durch Schlamm und Pfützen stapfte. Er trug braune Cordhosen, ein schmutziges Hemd und ein rotes, lose gebundenes Halstuch. Ein zerknautschter alter Strohhut saß schief auf seinem borstigen, verfilzten braunen Haarschopf. Die Ärmel waren bis zum Ellbogen aufgekrempelt, und seine Arme und sein Gesicht waren gebräunt und gegerbt wie die Rinde eines jungen Baums. Als er Schritte hörte, blickte er auf. Sein gebräuntes Gesicht mit den blauen Augen und dem Flaum eines sprießenden Schnurrbarts hätte gut ausgesehen, wäre da nicht die mürrische Miene des Bauerntölpels gewesen.

„Bitte, Madam", sagte er und berührte die Krempe seines ramponierten Hutes, „Mister hat Sie kommen sehen. Er hat mich geschickt, um zu sagen, daß wir auf dem Fünf-Acre-Feld soweit sind."

„Lauf zurück, Bill, und sag, daß wir kommen“, antwortete die Bauersfrau, und die linkische Gestalt hastete davon.

„Sag mal, Mutter, wie heißt Bill eigentlich mit Nachnamen?“ fragte das Mädchen, klang aber nicht sehr interessiert.

„Er hat keinen.“

„Keinen Nachnamen?“

„Nein, Dolly, er ist ein Findelkind, und man weiß nichts über seine leiblichen Eltern. Er ist aus dem Armenhaus zu uns gekommen, als er sieben war, um Futterrüben zu hacken, und seitdem ist er hier, also seit fast zwölf Jahren. Er wurde dort nur Bill genannt – ebenso wie hier.“

„Wie lustig! Man stelle sich vor, nur einen Namen zu haben. Ich frage mich, wie einmal seine Frau genannt werden soll?“

„Ich weiß nicht. Darüber kann man reden, wenn er es sich leisten kann zu heiraten. Aber da kommen gerade dein Vater und Adam Wilson, liebe Dolly. Ich möchte dich in gesicherten Verhältnissen wissen, Dolly. Er ist ein zuverlässiger junger Mann. Er ist großartig und macht eine Stange Geld auf dem Postamt.“

„Wenn ich nur wüßte, wer mich am meisten liebt“, sagte die Tochter und beobachtete die näherkommenden Gestalten. „Den würde ich nehmen! Aber ich weiß schon, wie ich es herausfinde, Mutter, also mach dir keine Sorgen mehr.“

Der Bewerber war ein hochgewachsener junger Mann in grauem Anzug und Strohhut mit schwarzrotem Band. Er rauchte, aber als er näherkam, stopfte er seine Pfeife in seine Brusttasche und ging auf die beiden Damen zu. Er streckte ihnen eine Hand entgegen und befingerte mit der anderen nervös seine Uhrkette.

„Zu Ihren Diensten, Mrs. Foster. Und wie geht es Ihnen, Miss Dolly? Wenn es so weitergeht, können Sie in zwei Wochen mit der Ernte beginnen.“

„In diesem Land kann man kaum vorhersagen, wie die Ernte ausfällt“, sagte Bauer Foster mit einem besorgten Blick zum Himmel.

„Es ist alles das Werk des Herrn“, bemerkte seine gottesfürchtige Frau.

„Und Er tut natürlich das beste für uns. Allerdings scheint Er in den letzten beiden Jahren irgendwie seine Macht über das Wetter verloren zu haben. Nun ja, vielleicht werden wir dieses Jahr dafür entschädigt. Und was hast du in Horndean gemacht, Mutter?“

Das alte Ehepaar ging voraus, und die anderen blieben zurück. Der junge Mann verlangsamte seinen Schritt, um den Abstand zu vergrößern.

„Dolly“, murmelte er schließlich und errötete leicht, als er sie ansah, „ich habe mit deinem Vater gesprochen – du weißt schon, worüber.“

Aber Dolly wußte es nicht. Sie hatte nicht die leiseste Ahnung. Voller Neugier wandte sie ihm ihr kleines sommersprossiges Gesicht zu.

Adam Wilsons errötete noch tiefer. „Du weißt es ganz genau“ sagte er ungeduldig. „Ich habe mit ihm über die Heirat gesprochen.“

„Oh, Sie wollen *ihn* heiraten?“

„Ja, das ist wieder typisch für Sie. Es ist leicht, Witze zu machen, aber ich sage Ihnen, daß ich es ernst meine, Dolly. Ihr Vater hat gesagt, daß er nichts gegen mich als Familienmitglied einzuwenden hätte. Sie wissen, daß ich Sie aufrichtig liebe.“

„Woher sollte ich das wissen?“

„Weil ich es Ihnen sage. Was kann ich sonst noch tun?“

„Haben Sie je etwas getan, um es zu beweisen?“

„Sagen Sie mir, was ich tun soll, dann werden Sie schon sehen, daß ich es mache.“

„Dann haben Sie also noch nichts getan?“

„Ich weiß nicht. Ich habe getan, was ich konnte."

„Wie wäre es damit?" Sie zog eine kleine, abgeblätterte Heckenrose, wie sie an den Hecken am Wegrand wächst, aus ihrem Ausschnitt. „Wissen Sie etwas davon?"

Er lächelte und wollte gerade antworten, als er plötzlich die Brauen runzelte, die Lippen zusammenpreßte und er mit einem wütenden Funkeln in den Augen in die Ferne starrte. Sie folgte seinem Blick und sah eine schmale, dunkle Gestalt, die schnellen Schrittes auf sie zukam.

„Das ist mein Freund, Mr. Elias Mason", sagte sie.

„Ihr Freund!" Sein Ärger ließ ihn seine Schüchternheit vergessen. „Ich weiß über alles Bescheid! Was hat er jeden zweiten Abend hier zu suchen?"

„Vielleicht fragt er sich, was *Sie* hier zu suchen haben."

„Meinen Sie? Ich wünschte, er würde kommen und mich fragen. Ich würde ihm zeigen, was ich will – und zwar schnell."

„Er sieht es jetzt. Er hat den Hut vor mir gezogen", sagte Dolly lachend.

Ihr Gelächter war der Tropfen, der das Faß zum Überlaufen brauchte. Er hatte ihr imponieren wollen – und sich nur blamiert. Er drehte sich auf dem Absatz um.

„Sehr schön, Miss Foster", sagte er mit erstickter Stimme, „gut! Wir wissen jetzt, woran wir sind. Ich bin nicht hergekommen, um mich zum Narren halten zu lassen, also guten Tag!" Er rückte seinen Hut zurecht und stapfte wütend wieder in die Richtung, aus der sie gekommen waren. Sie sah ihm fast erschrocken nach und hoffte, zu erkennen, daß er sich beruhigt hatte, aber er marschierte in kerzengerader Haltung weiter, und verschwand hinter einer Kurve.

Als sie sich wieder umdrehte, stand ihr anderer Besucher dicht vor ihr – ein dünner, drahtiger Mann mit scharfen Zügen, ungesund gelblicher Gesichtsfarbe und nervöser Wesensart.

„Guten Abend, Miss Foster. Ich dachte, ich komme vorbei, weil das Wetter so schön war – aber ich hatte nicht mit dem Glück gerechnet, Sie auf dem Feld anzutreffen.“

„Ich bin sicher, daß mein Vater sich sehr freuen wird, Mr. Mason. Sie müssen auf ein Glas Milch hereinkommen.“

„Nein, danke, Miss Foster, ich möchte viel lieber mit Ihnen hier draußen bleiben. Aber ich fürchte, ich habe Sie bei einer Unterhaltung gestört. War das nicht Mr. Adam Wilson, der gerade gegangen ist?“ Er gab sich gelassen, aber sein fragender Blick und die verkniffenen Lippen verrieten, daß seine Eifersucht noch tiefer saß als die seines Rivalen.

„Ja, das war Mr. Adam Wilson.“ Mason hatte etwas an sich – er wirkte irgendwie angespannt –, das es dem Mädchen unmöglich machte, ihn so unbefangen zu behandeln wie den anderen.

„Ich habe ihn hier in letzter Zeit öfter gesehen.“

„Ja, wissen Sie, er ist Vorarbeiter in dem großen Steinbruch.“

„Oh, tatsächlich! Er ist gern in Ihrer Gesellschaft, Miss Foster. Ich kann ihm das nicht übelnehmen, nicht wahr, denn mir geht es ja genauso. Aber ich würde gern eine Vereinbarung mit Ihnen treffen. Sie müssen bemerkt haben, welche Gefühle ich für Sie hege. Ich kann Ihnen ein komfortables Zuhause bieten. Wollen Sie meine Frau werden, Miss Foster?“

Dolly hätte gern eine scherzhafte Antwort gegeben, aber es war schwierig, Witze zu machen, während zwei so eindringlich blickende Augen auf sie gerichtet waren.

Langsam schlug sie den Weg zum Haus ein, und er ging neben ihr her und wartete auf ihre Antwort.

„Sie müssen mir etwas Zeit lassen, Mr. Mason“, sagte sie schließlich. „Es heißt nicht umsonst: ‚Früh gefreit, schnell gereut‘!“

„Aber Sie werden niemals Grund haben, es zu bereuen."

„Da bin ich mir nicht sicher – man hört doch davon."

„Sie werden die glücklichste Frau Englands sein!"

„Das klingt sehr schön. Sie sind ein Dichter, Mr. Mason, nicht wahr?"

„Ich liebe Poesie."

„Und Poeten lieben Blumen?"

„Ich mag Blumen sehr."

„Dann kennen Sie vielleicht einige von diesen hir?" Sie nahm die bescheidene kleine Heckenrose und hielt sie ihm mit fragender Miene hin. Er nahm die Blume und drückte sie an seine Lippen.

„Ich weiß, daß sie nah bei Ihnen war – dort, wo ich gern wäre", sagte er.

„Guten Abend, Mr. Mason!" Mrs. Foster kam aus dem Haus, um sie zu begrüßen. „Wo ist Mr. – ? Oh – ah! Ja, natürlich. Ich habe Tee aufgesetzt, kommen Sie besser herein, bevor er zu lange gezogen hat."

Kurz bevor Elias Mason an diesem Abend das Bauernhaus verließ, nahm er Dolly beiseite.

„Ich kann leider nicht vor Samstag kommen", sagte er.

„Wir freuen uns, Sie zu sehen, Mr. Mason."

„Ich werde dann mit einer Antwort rechnen."

„Oh, ich kann nichts versprechen!"

„Aber ich werde auf ein Ja hoffen."

„Nun, das kann Ihnen keiner verbieten." Als ihr klar wurde, welche Macht sie über ihn hatte, legte sich ihre Angst, und sie konnte ihm nun so unbefangen antworten, als sei er der einfache Adam Wilson.

Sie lehnte im Türrahmen, ihre hochgewachsene, schlanke Gestalt eingerahmt von den langen Ranken des Geißblattes. Die Sonne stand als riesiger roter Ball tief im Westen am Himmel, lugte über die Hügel und erzeugte lange dunkle Schatten von der Buche auf dem Feld, von der kleinen Herde buntgescheckter Kühe und von dem Mann, der sich von ihr entfernte. Sie lächelte, als sie sah, was für gewaltige Beine und was für einen winzigen Leib der flache Riese hatte, der neben ihm herging. In dem kleinen Garten schwirrten Bienen, ein verspäteter Schmetterling und die eine oder andere frühe Motte über den Blumenbeeten, tausend winzige Geschöpfe summten und brummten, alle vollauf damit beschäftigt, ihre kleine Bestimmung zu erfüllen, wie sie es auch mit ihrem Schicksal tat, und jeder hielt sich selbst zweifellos für den Mittelpunkt des Universums. Eine Mücke hatte ein paar Monate, ein junges Mädchen ein paar Jahre, aber beide waren glücklich in der stickigen Luft des Sommers. Ein Käfer trippelte auf dem Kiesweg eifrig vorwärts und setzte alle sechs Beinchen in Bewegung. Er stieß gegen kleine Steine und fiel auf den Rücken, rappelte sich jedoch wieder auf und strebte weiter irgendeinem lebenswichtigen Vorhaben auf der Rasenfläche entgegen. Hinter der Buche flatterte eine Fledermaus auf. Ein kühler Hauch von Nachtluft wehte sachte über die hügelige Landschaft und brachte etwas von der kalten Seegischt mit sich. Dolly Foster schauderte und wollte gerade ins Haus gehen, als ihre Mutter durch die Gartenpforte kam.

„Was in aller Welt macht Bill da?“ rief sie.

Dolly schaute hin und sah zum ersten Mal, daß der namenlose Landarbeiter unter den Buche herumkroch, dessen Braun- und Gelbtöne sich kaum von der Baumrinde hinter ihm abhoben.

„Geh weg da, Bill!“ kreischte die Bauersfrau.

„Was soll ich tun?“ fragte er unterwürfig und kam hervor.

„Geh in die Scheune und schneid Häcksel.“

Er nickte und wieselte davon, eine komische Figur in seinen schlammverkrusteten Stiefeln, seinen von Trägern gehaltenen Cordhosen und seiner nußbraunen Haut.

„So, du hast dich also für Elias entschieden", sagte die Mutter und legte den Arm um ihre Tochter. „Ich sah, wie er Deine Blume küßte. Nun ja, es tut mir leid für Adam, denn er ist ein stattlicher junger Mann, anständig, ein großartiger Mensch – und er verdient Geld im Postamt. Trotzdem gehört Leiden zum Leben – wie sollten wir sonst unsere Sünden abbüßen? Wenn man Milch einfach stehenläßt, wird keine Butter daraus. Sie muß tüchtig umgerührt werden. Und das brauchen wir auch, bevor wir Engel werden – es ist genau wie mit der Butter."

Dolly lachte. „Ich habe Elias' Antrag noch nicht angenommen", sagte sie.

„Nein? Und den von Adam?"

„Den auch noch nicht."

„Oh, Dolly, Mädchen, kannst du nicht auf den Rat älterer Leute hören? Ich sage dir noch einmal, daß du beide verlieren wirst."

„Nein, nein, Mutter. Mach dir keine Sorgen. Alles ist bestens. Aber du siehst doch, wie schwierig es ist. Ich mag Elias, weil er sich so gut ausdrücken kann und so selbstsicher ist. Und ich mag Adam, weil – nun, weil ich genau weiß, daß Adam mich liebt."

„Bei meiner Seele, du kannst sie nicht beide heiraten! Du möchtest wohl alles haben!"

„Nein, Mutter, ich verstehe mich nur darauf, eine Wahl zu treffen. Siehst du diese Blume, liebe Mutter?"

„Das ist eine ganz normale Heckenrose."

„Nun, was glaubst du, wo ich sie gefunden habe?"

„Wahrscheinlich an einer Hecke."

„Nein, auf meinem Fensterbrett."

„Oh – wann denn?"

„Heute morgen. Ich bin um sechs Uhr aufgestanden, und da lag sie, taufrisch und süß duftend, gerade eben gepflückt. Gestern lag auch eine da und vorgestern ebenfalls. Jeden Morgen liegt eine Blume auf meinem Fensterbrett. Es ist eine ganz alltägliche Blume, wie du sagst, Mutter, aber es ist nicht alltäglich, daß ein Mann jeden Tag seinen Schlaf unterbricht, nur um einem Mädchen zu zeigen, daß er tief im Herzen an es gedacht hat."

„Und wer von den beiden ist es?"

„Ah, wenn ich das nur wüßte! Ich glaube, es ist Elias. Er ist ein Dichter, weißt du, und Dichter machen so etwas Romantisches."

„Und wie willst du sichergehen?"

„Ich werde es noch vor morgen früh wissen. Er wird wiederkommen, wer auch immer es ist – und derjenige ist der richtige Mann für mich. Hat Vater auch so etwas für dich gemacht, bevor ihr geheiratet habt?"

„Nein, das kann man nicht gerade sagen. Aber Vater hatte immer einen sehr festen Schlaf."

„Also, Mutter, du brauchst dir keine Sorgen mehr um mich zu machen, denn so wahr ich hier stehe, ich werde dir morgen sagen, welchen der beiden ich nehme."

An diesem Abend machte sich die Bauerstochter daran, all die verschiedenen Arbeiten zu erledigen, die sich in einem großen Haushalt häufen. Sie polierte die altmodischen dunklen Möbel im Wohnzimmer. Sie räumte den Keller auf, rückte die Fässer an ihren Platz, füllte Apfelwein ab, kochte einen großen Kessel Himbeermarmelade und versah die Einmachgläser mit Schildchen. Lange nachdem alle Hausbewohner ins Bett gegangen waren, war sie noch mit ihren selbstgestellten Aufgaben beschäftigt, bis die Nacht fast vorbei und sie sehr müde war. Dann fachte sie das schwelende Küchenfeuer an, machte sich eine Tasse Tee und ging damit in ihr Zimmer. Sie setzte sich, nippte an ihrem Tee und ließ den Blick über eine alte Gesamtausgabe von *Leisure Hour* schweifen. Ihr Stuhl stand hinter den dünnen Dimity-Gardinen, durch die sie hinausschauen konnte, ohne selbst gesehen zu werden.

Der Morgen dämmerte, und ein frischer Wind war aufgekommen. Der Himmel war blaßblau, und ein paar weiße Wölkchen zogen an ihm entlang. Sie ballten sich zusammen und teilten sich wieder, segelten jedoch unbeirrt vom Rosa des Ostens auf den immer noch grauen Westen zu. Die hohe, eindringliche Stimme des Windes pfiff und sang, aus ihrem Stöhnen wurde ein Kreischen, das dann wieder zu einem dumpfen Raunen abebbte. Dolly stand auf, um sich ihr Tuch umzulegen, und als sie sich wieder hinsetzte, waren ihre Zweifel mit einem Schlag wie weggeblasen, und sie hatte das gesehen, worauf sie gewartet hatte.

Ihr Fenster führte zum Innenhof und lag etwa acht Fuß über der Erde. Ein Mann, der darunter stand, war von oben nicht zu sehen. Aber sie sah genug, um alles zu erfahren, was sie wissen wollte. Plötzlich und lautlos war eine Hand von unten erschienen, hatte ein Blümchen auf ihr Fensterbrett gelegt und war wieder verschwunden. Es dauerte keine zwei Sekunden; sie sah kein Gesicht und hörte keinen Laut, aber sie hatte die Hand gesehen, und mehr brauchte sie nicht. Mit einem Lächeln warf sie sich aufs Bett, deckte sich zu und fiel in einen tiefen Schlaf.

Sie wachte auf, als ihre Mutter sie an der Schulter rüttelte.

„Es ist Zeit fürs Frühstück, Dolly, aber ich dachte mir schon, daß du müde sein würdest, also habe ich dir Brot und Kaffee gebracht. Nun sei ein Schatz und iß."

„Schon gut, Mutter. Danke. Ich bin schon fertig angezogen, also kann ich bald hinunterkommen."

„Himmel, das Mädchen hat seine Sachen anbehalten! Und – herrje – da draußen am Fenster ist ganz bestimmt die Blume! Nun, hast du gesehen, wer sie hingelegt hat?"

„Ja."

„Wer war es denn?"

„Adam."

„Wirklich? Na, das hätte ich nicht von ihm erwartet.

Dann wird es also Adam. Nun, er ist ausgeglichen, und das ist mehr wert als Grips, jawohl, viel mehr! Ist er über den Hof gegangen?"

„Nein, an der Wand entlang."

„Wie konntest du ihn denn dann sehen?"

„Ich habe ihn nicht gesehen."

„Woher weißt du es dann?"

„Ich habe seine Hand gesehen."

„Willst du mir erzählen, daß du Adams Hand erkennen kannst?"

„Nur ein Blinder könnte Adams Hand nicht von Elias' Hand unterscheiden! Die eine ist braun wie der Kaffee da und die andere weiß wie die Tasse und blaugeädert."

„Also, daran habe ich nicht gedacht, aber tatsächlich, so ist es. Nun, es wird ein arbeitsreicher Tag, Dolly – horch nur, der Wind!"

Der Wind war wirklich in den wenigen Stunden seit Tagesanbruch zu einem gewaltigen Sturm geworden, der wütend an den Fensterläden rüttelte. Als sie hinausschaute, sah Dolly, wie Kohlblätter und Stroh am Fenster vorbeiwirbelten.

„Der große Heuschober sackt in sich zusammen. Alle versuchen gemeinsam, ihn aufrechtzuhalten. Meine Güte, wie es stürmt!"

Und das tat es wahrhaftig! Als Dolly die Treppe hinunterkam, kam sie nur mit Mühe durch die Tür. Der Himmel war schwefelgelb, der Wind heulte und stürmte, und die Wolkenfetzen ballten sich erst zusammen und wurden dann wieder auseinandergerissen. Auf dem Feld nahe beim Haus hantierten ihr Vater und drei oder vier Arbeiter mit Stangen und Seilen, alle ohne Hut und mit flatterndem Haaren und Bärten, und versuchten, einen riesigen Heuschober zu stabilisieren. Dolly sah ihnen einen Augenblick zu, dann duckte sie sich, hielt mit einer Hand ihren kleinen Strohhut fest und kämpfte sich trotz Gegenwind vorwärts.

Adam Wilson arbeitete immer an einer bestimmten Stelle des Abhangs, und dorthin lenkte sie ihre Schritte. Er sah die schön zurechtgemachte Gestalt mit ihren flatternden Röcken und Hutbändern und ging ihr mit einem großen weißen Stemmeisen in der Hand entgegen. Er ging jedoch langsam und mit gesenktem Blick – wie jemand, der noch einen Kummer hegt.

„Guten Morgen, Miss Foster."

„Guten Morgen, Mr. Wilson. Oh, wenn Sie böse auf mich sein wollen, gehe ich lieber wieder nach Hause."

„Ich bin nicht böse, Miss Foster. Ich weiß es sehr zu schätzen, daß Sie an einem solchen Tag kommen."

„Ich wollte nur sagen – ich wollte sagen, daß es mir leid tut, wenn ich Sie gestern gekränkt habe. Ich wollte mich nicht über Sie lustigmachen – und habe es auch nicht getan. Es ist nur meine Art zu reden. Es war sehr nett von Ihnen – sehr großzügig –, kein Aufhebens davon zu machen."

„Ganz und gar nicht, Dolly." Er strahlte wieder. „Wenn ich Sie nicht so sehr lieben würde, wäre es mir egal, was dieser andere Kerl gesagt oder getan hat. Und wenn ich nur glauben dürfte, daß ich Ihnen wichtiger bin als er …"

„Das sind Sie, Adam."

„Gott segne Sie für diese Worte! Sie haben mein Herz erleichtert, Dolly. Ich muß heute für die Firma nach Portsmouth. Morgen abend werde ich zu Ihnen kommen."

„Sehr gut, Adam, ich – oh, mein Gott, was ist da los?"

Ein markerschütterndes Krachen ertönte in der Ferne, ein dumpfes Grollen und ein Gewirr von Stimmen, die durcheinanderschrien.

„Der Heuschober ist umgefallen! Es hat einen Unfall gegeben!"

Beide rannten den Hügel hinunter.

„Vater!" keuchte das Mädchen, „Vater!"

„Ihm geht es gut!" rief ihr Begleiter, „ich sehe ihn! Aber da unten liegt jemand – sie heben ihn gerade hoch. Und da rennt einer wie ein Wahnsinniger zum Arzt!"

Ein Arbeiter kam die Landstraße hinaufgerannt. „Gehen Sie nicht, Missy!" rief er. „Ein Mann ist verletzt."

„Wer?"

„Bill. Der Heuschober ist vom Wind umgeweht worden, und die Stange hat ihn am Rücken verletzt. Er ist tot, fürchte ich – jedenfalls steckt nicht mehr viel Leben in ihm. Ich laufe zu Dr. Strong!" Er duckte sich vor dem Anprall des Windes und ging langsam die Straße hinunter.

„Armer Bill! Gott sei Dank war es nicht Vater!"

Sie befanden sich an der Ecke des Feldes, auf dem der Unfall passiert war. Der sturmgezauste Heuschober lag am Boden als formlose Masse, aus der eine lange dicke Stange herausragte, die zuvor die Regenplane gestützt hatte. Vier Männer entfernten sich langsam in gebückter Haltung und trugen zwischen sich ein lehmfarbenes Häufchen Elend. Er hätte ein Klumpen der Erde sein können, auf der er sonst arbeitete, so reglos und still, wie er war; immer noch braun, denn selbst der Tod hätte nicht die Farbe von seiner sonnenverbrannten Haut wischen können, und mit geduldigen, kuhsanften Augen, die müde aus halbgeschlossenen Lidern hervorblinzelten. Er atmete stoßweise, schrie und stöhnte jedoch nicht. Er erwartete kein Mitleid, denn er hatte nie welches erfahren. Er erinnerte eher an ein kaputtes Werkzeug als an einen verletzten Mann.

„Kann ich irgend etwas tun, Vater?"

„Nein, Mädchen, nein. Das hier ist kein Platz für dich. Ich habe dem Arzt eine Nachricht geschickt, er wird bald hier sein."

„Aber wo bringen sie ihn hin?"

„Auf den Heuboden, wo er auch sonst schläft."

„Aber wir können ihn auch gern in meinem Zimmer unterbringen, Vater."

„Nein, nein, Mädchen. Halt du dich da am besten heraus."

Aber die Gruppe kam gerade vorbei, als sich Vater und Tochter unterhielten, und der verletzte junge Mann hatte die Worte des Mädchens gehört.

„Danke schön, Missey", murmelte er, und ein kleiner Funken Leben flackerte in ihm auf. Dann versank er wieder in Schweigen und Stumpfsinn.

Ein Feldarbeiter ist nützlich – aber was macht ein Mann mit verletztem Rückgrat und gebrochenen Rippen?

Bauer Foster schüttelte den Kopf und rieb sich das Kinn, als er sich den Bericht des Arztes anhörte. „Er kann nicht wieder gesund werden?"

„Nein."

„Dann bringen wir ihn besser weg."

„Wohin?"

„Ins Armenhaus. Da ist er vor elf Jahren hergekommen. Für ihn wird es sein, als ginge er nach Hause."

„Ich fürchte, er geht wirklich heim", sagte der Doktor ernst. „Aber es kommt nicht in Frage, ihn jetzt zu transportieren. Er muß wohl oder übel bleiben, wo er ist."

Und es sah wirklich eher übel als wohl aus. Man bettete ihn auf eine schmale blaue Pritsche, die auf den Querbalken eines kleinen Heubodens lag. An der Decke hingen Sättel, Zaumzeug, alte Sensenblätter – die hundert Dinge, die wie Fledermäuse von den Decken solcher Gebäude herabhängen. Darunter hing seine eigene ärmliche Garderobe an zwei Nägeln – das blaue und das graue Hemd, die fleckigen Hosen und der schlammverkrustete Mantel. Am Kopfende stand eine Häckselmaschine und dahinter eine große Tonne Häcksel. Er lag sehr still da, immer noch schweigend und ohne zu klagen. Sein Blick war auf das kleine Fenster gerichtet, durch das man den Himmel und diese seltsame Welt sehen konnte, die Gott so merkwürdig geschaffen hat – so sehr merkwürdig.

Eine alte Frau, die Frau eines Arbeiters, war mit seiner Pflege beauftragt worden, denn der Arzt hatte gesagt, daß man ihn nicht aus den Augen lassen dürfe. Sie eilte geschäftig hin und her, arrangierte und ordnete alle möglichen Sachen und grummelte ab und zu vor sich hin, weil man ausgerechnet ihr diese Aufgabe aufgebürdet hatte. Auf einem Querbalken standen ein paar Blumen in einer kaputten Vase, und die trug sie mit einem Anflug von Zärtlichkeit zu dem Patienten hinüber und stellte sie neben sein Lager. Er lag reglos da, und sein Atem machte ein rasselndes Geräusch, aber sein Blick folgte seiner Pflegerin, und er lächelte sogar, als sie ihm die Blumen hinstellte.

Er lächelte wieder, als er hörte, daß Mrs. Foster und ihre Tochter an jenem Abend nach ihm gefragt hatten. Sie waren beide zum Postamt gegangen, und Dolly hatte einen Brief abgeschickt. Sie hatte ihn nach reiflicher Überlegung geschrieben, an Elias Mason, Esq., addressiert und dem Herrn erklärt, daß sie ihre Zukunft geplant hatte. Er möge sich deshalb die Peinlichkeit, am Samstag wegen seiner Antwort vorbeizukommen, ersparen. Als sie zurückkamen, gingen sie in den Stall und sahen durch die Heuschobertür nach dem Kranken. Von ihrem Platz aus konnten sie den schrecklichen rasselnden Ton in seinem Atem hören. Kreidebleich unter ihren Sommersprossen, eilte Dolly davon. Sie war zu jung, um das Elend mitanzusehen, und doch war sie ein Jahr älter als dieser arme Kerl, der stumm dalag und den Tod selbst vor Augen hatte.

Die ganze Nacht rührte er sich nicht. Er war so still, daß nur jenes furchtbare Geräusch seiner Pflegerin verriet, daß noch Leben in ihm steckte. Sie hatte ihn beobachtet und sich um ihn gekümmert, so gut sie konnte, aber sie war selbst alt und schwach, und als die ersten blassen Strahlen der Morgensonne durch das kleine Fenster des Heubodens fielen, versank sie auf ihrem Stuhl in einen traumlosen Schlaf. Zwei Stunden vergingen, und sie wachte auf, als sie die Stimmen der Männer hörte, die sich zur Arbeit versammelten. Sie sprang auf die Füße. Du lieber Himmel! Die Pritsche war leer. Völlig außer sich eilte sie nach unten in den Stall und rang die Hände. Keine Spur von ihm. Aber die Stalltür war offen. Er mußte hinausgegangen sein – aber wie hatte er gehen können? Er mußte auf allen vieren gekrochen sein. Sie stürzte nach draußen, und als die Arbeiter, die gerade aufgestanden waren, ihre Geschichte hörten, rannten sie ihr nach. Schließlich wurden der Farmer, seine Frau und seine Tochter aufmerksam und kamen ebenfalls. Ein Schrei erklang, und sie standen im Halbkreis an der Ecke des Hofes, auf den Miss Dollys Fenster hinausging. Dort lag er, nur ein paar Yard vom Fenster entfernt, mit dem Gesicht nach unten. Die Füße schauten aus dem zerlumpten Nachthemd hervor, und seine wunden Knie hatten eine Blutspur hinterlassen, die zeigte, welchen Weg er genommen hatte. Ein Arm war ausgestreckt, und in den Fingern hielt er den kleinen Zweig einer rosa Heckenrose.

Er war kalt und steif, als sie ihn zurücktrugen und wieder auf die Pritsche auf dem Heuboden legten. Die alte Pflegerin deckte ihn zu und verließ ihn, denn man brauchte nicht mehr nach ihm zu sehen.

Das Mädchen war in sein Zimmer gegangen, und ihre Mutter folgte ihr. Die Berührung mit dem Tod hatte beide aus der Fassung gebracht.

„Man stelle sich vor“, sagte sie, „er war es nur!“

Aber Dolly saß auf ihrer Bettkante und schluchzte herzzerreißend in ihre Schürze.

De Profundis[6]

Solange die Ozeane die Bande sind, die das riesige, ausgedehnte Britische Empire zusammenhalten, wird in unserem Geist ein Funken Romantik weiterleben. Denn die Seele richtet sich nach den Gezeiten, wie sich die Gezeiten nach dem Mond richten, und wenn das Dasein eines Reiches in solchen Bahnen verläuft, auf denen es soviel Seltsames zu sehen und zu hören gibt und die von Gefahren gesäumt sind, kann nur ein träger Geist eine solche Wegstrecke völlig ungerührt hinter sich bringen. Und nun wächst Britannien weit über sich hinaus, denn die Drei-Meilen-Zone vor jeder Seeküste ist ihre Grenze, die eher mit Hammer und Meißel geschaffen wurde als durch Kriegsglück. Denn die Geschichte lehrt, daß weder der König noch eine Armee einen Mann aufhalten kann, der zwei Pennies in seiner Schatulle hat, genau weiß, wie er daraus drei Pennies machen kann und sich eben dies in den Kopf gesetzt hat. Und mit den Grenzen hat sich auch Britanniens geistigen Horizont erweitert, und jedermann kann sehen, daß die Sitten der Insel kontinental geworden sind, ebenso wie die des Kontinents insular sind.

Aber dafür muß ein Preis gezahlt werden, und dieser Preis ist hoch. So wie das alte Ungeheuer jedes Jahr ein junges Leben als Tribut fordert, so opfern wir unserem

6 Aus der Tiefe; „Aus der Tiefe rufe ich, Herr, zu Dir.“ 130. Psalm der Bibel.

Empire jeden Tag die Blüte unserer Jugend. Die Maschine erstreckt sich über die ganze Welt und ist stark, aber das einzige Mittel, das sie in Betrieb hält, ist das Leben britischer Männer. Daher kommt es, daß wir, wenn wir uns die Messingplatten an den Wänden der grauen alten Kathedralen anschauen, fremde Namen sehen, Namen, die diejenigen, die die Mauern errichtet haben, nie gehört haben, denn diese jungen Leute liegen in Peshawar, Umballah, Korti und Fort Pearson begraben und hinterlassen nur eine Erinnerung und eine Messingtafel. Aber wenn jeder seinen eigenen Obelisk hätte, und zwar dort, wo er begraben liegt, dann bräuchte man keine Grenzpfeiler mehr, denn eine endlose Reihe britischer Grabmale würde zeigen, wie hoch die anglo-keltische Tide geschwappt ist.

Das hat, ebenso wie die Gewässer, die uns mit der Welt verbinden, dazu beigetragen, uns mit Romantik zu erfüllen. Denn wenn die Lieben so vieler Menschen jenseits der Meere leben, wo ihnen die Kugeln der Bergbewohner um die Ohren fliegen oder Malaria droht, wenn der Tod plötzlich kommt und die räumliche Entfernung groß ist, dann verständigt man sich in Gedanken. Man hört seltsame Geschichten von Träumen, Vorahnungen oder Visionen, in denen eine Mutter ihren Sohn sterben sieht und schon den ersten bitteren Kummer überwunden hat, bevor die Nachricht von seinem Tod sie erreicht. Die Gelehrten befassen sich seit kurzem mit diesem Phänomen und haben ihm sogar einen Namen gegeben, aber wir wissen nichts darüber, außer daß eine arme Seele, gehetzt und unter schwerem Druck, dem Menschen, der ihr am nächsten steht, über eine Entfernung von zehntausend Meilen ein Bild ihres Elends schicken kann. Es liegt mir fern, zu behaupten, daß keine solchen Kräfte in uns steckten, denn das letzte, was das Gehirn verstehen kann, ist es selbst. Aber man sollte vorsichtig bei solchen Dingen sein, denn ich habe mindestens einmal erlebt, daß etwas den Anschein hatte, übernatürlich zu sein, während es in Wirklichkeit eine ganz natürliche Erklärung gab.

John Vansittart war der Juniorpartner der Firma Hudson & Vansittart, Kaffee-Exporteur auf der Insel Ceylon, von seiner Abstammung her zu drei Vierteln Holländer, aber in seinen Gefühlen vollkommen englisch. Ich war jahrelang sein Agent in London gewesen, und als er 1872 für einen dreimonatigen Urlaub nach England herüberkam, wandte er sich an mich, um ein paar Ratschläge zu bekommen, damit er etwas von der Stadt und dem Landleben zu sehen bekommen würde. Bewaffnet mit sieben Briefen verließ er mein Büro, und wochenlang kamen hingekritzelte Zeilen aus verschiedenen Teilen des Landes, die mir bewiesen, daß er Gnade vor den Augen meiner Freunde gefunden hatte. Dann erfuhr ich von seiner Verlobung mit Emily Lawson, die aus einer Nebenlinie der Lawsons aus Hereford stammte. Den ersten flüchtigen Gerüchten folgte die Nachricht seiner Heirat auf dem Fuß, denn die Brautwerbung eines Wanderers kann nur kurz sein, und die Zeit bis zum Tag seiner Heimreise verflog schnell. Sie wollten auf einem der firmeneigenen mehrmastigen Segelschiffe mit tausend Tonnen zusammen nach Colombo zurückkehren – das sollten ihre fürstlichen Flitterwochen sein, sowohl Pflicht als auch Vergnügen.

Das waren die glorreichen Tage des Kaffeeanbaus in Ceylon, bevor dank eines schädlichen Pilzes eine einzige Mißernte einer ganzen englischen Siedlung erst Jahre der Verzweiflung und dann einen der größten kommerziellen Siege bescherte, die je durch Mut und Einfallsreichtum erreicht wurden. Es kommt nicht oft vor, daß Menschen, deren eine große Industrie zusammenbricht, die Kraft haben, innerhalb von ein paar Jahren eine neue, ebenso ertragreiche aufzubauen, und die Teefelder von Ceylon sind ein ebenso echter Beweis für Mut wie der Löwe von Waterloo. Aber 1872 verdüsterte noch keine Wolke den

Himmel, und die Hoffnungen der Pflanzer waren so groß wie die Hügel, auf denen sie ihre Gewächse züchteten. Vansittart kam mit seiner jungen und schönen Frau nach London. Ich wurde vorgestellt, aß mit ihnen zu Abend, und schließlich kamen wir überein, daß ich, da meine Geschäfte mich ebenfalls nach Ceylon riefen, mit ihnen auf der *Eastern Star* reisen würde, die am nächsten Montag in See stechen sollte.

Am Sonntagabend sah ich ihn wieder. Er erschien gegen neun Uhr abends bei mir und wirkte sehr besorgt. Als ich ihm die Hand schüttelte, merkte ich, daß sie heiß und trocken war.

„Atkinson", sagte er, „bitte geben Sie mir etwas Zitronensaft und Wasser. Ich habe ungeheuren Durst, und je mehr ich trinke, desto schlimmer wird es offenbar."

Ich klingelte und verlangte eine Karaffe und Gläser. „Sie haben einen Fieberanfall", sagte ich. „Sie sehen den Ernst der Lage nicht."

„Nein, ich bin eigentlich ganz in Ordnung. Ich habe ein bißchen Rheuma im Rücken und schmecke beim Essen nichts mehr. Es ist das widerliche London, das mir den Atem nimmt. Ich bin nicht an Luft gewöhnt, die von vier Millionen Lungen gebraucht wurde." Er fächelte sich Luft zu, wie jemand, der wirklich nach Atem ringt.

„Wenn Sie erst auf See sind, wird es Ihnen bald besser gehen."

„Ja, da gebe ich Ihnen recht. Das ist genau das, was ich brauche. Ich will keinen anderen Arzt. Wenn ich morgen nicht ans Meer komme, werde ich krank. Es gibt keinen anderen Ausweg." Er trank ein Glas Zitronensaft und trommelte sich selbst mit geballten Fäusten auf den Rücken.

„Das scheint Linderung zu bringen", sagte er und sah mich mit verschleiertem Blick an. „Jetzt brauche ich Ihre Hilfe, Atkinson, denn ich bin in Verlegenheit."

„In welcher Hinsicht?“

„Es ist folgendermaßen. Die Mutter meiner Frau ist erkrankt und hat nach ihr telegraphiert. Ich konnte nicht weg – Sie wissen selbst am besten, wie unabkömmlich ich war –, also mußte sie allein reisen. Nun habe ich ein zweites Telegramm erhalten, in dem sie mir mitteilt, daß sie morgen nicht kommen kann, sondern am Mittwoch in Falmouth an Bord kommen wird. Wir machen dort Halt, wissen Sie, obwohl, ich kann nicht verstehen, Atkinson, daß ein Mann an ein Geheimnis glauben soll, und verflucht ist, wenn er es nicht kann. Verflucht, verstehen Sie, nichts Geringeres.“ Er beugte sich vor und wurde kurzatmig wie jemand, der vergiftet wurde. Es klang fast wie ein Schluchzen.

Da wurde mir bewußt, daß ich viel über die Trinkgewohnheiten auf der Insel gehört hatte und daß diese heftigen Worte und die fieberheißen Hände vom Branntwein kamen. Die geröteten Wangen und die glasigen Augen waren die eines starken Trinkers. Es war traurig, einen so wohlgeratenen jungen Mann unter der Fuchtel dieses schlimmsten aller Teufel zu sehen.

„Sie sollten sich hinlegen“, sagte ich ziemlich streng.

Er kniff die Augen zusammen wie jemand, der versucht, wachzuwerden, und blickte mit einem überraschten Ausdruck auf.

„Das sollte ich jetzt wohl“, sagte er ganz vernünftig. „Mir ist schwummrig, aber ich habe mich wieder im Griff. Warten Sie, wovon habe ich gerade gesprochen? O ja, natürlich, von meiner Frau. Sie wird in Falmouth an Bord kommen. Nun würde ich gern ein bißchen am Wasser spazierengehen. Ich glaube, meine Gesundheit hängt davon ab. Ich will nur ein bißchen frische, unverbrauchte Luft, um wieder auf die Beine zu kommen. Ich bitte dich, wie ein guter Freund mit dem Zug nach Falmouth zu fahren, damit du dich, falls wir uns verspäten, um meine Frau kümmern kannst. Steig im Royal Hotel ab, und ich telegraphiere ihr, daß du da bist. Ihre Schwester wird sie dort hinbringen, also wird alles glatt gehen."

„Es wird mir ein Vergnügen sein", sagte ich. „Ich fahre sogar lieber mit dem Zug, denn wir werden genug von der See haben, bevor wir Colombo erreichen. Ich glaube auch, daß du dringend eine Luftveränderung brauchst. Also, an deiner Stelle würde ich gleich hingehen."

„Ja, das werde ich. Ich werde an Bord übernachten. Wissen Sie", fuhr er fort, und der Schleier legte sich wieder über seine Augen, „ich habe die letzten Nächte nicht gut geschlafen. Ich habe mich herumgeschlagen mit theolololog – ich meine, theolologischen – verdammt!" Er nahm sich mit großer Mühe zusammen. „Mit den Zweifeln der Theolologen. Ich habe gegrübelt, warum der Allmächtige uns erschaffen hat und warum Er uns Schwindelgefühl und leichten Schmerz im Rücken verpaßt hat. Vielleicht wird es heute nacht besser." Er stand auf und stützte sich mit Mühe an der Stuhllehne ab.

„Hören Sie, Vansittart", sagte ich ernst, ging auf ihn zu und legte ihm die Hand auf den Arm. „Sie können heute nacht hierbleiben. Sie können nicht allein weggehen. Sie sind völlig am Ende. Sie haben zuviel getrunken."

„Getrunken!" Er machte ein dummes Gesicht und starrte mich an.

„Sie haben Ihren Schnaps schon mal besser vertragen."

„Auf mein Wort, Atkinson, ich habe seit zwei Tagen keinen Tropfen getrunken. Es liegt nicht am Alkohol. Ich weiß nicht, was es ist. Wahrscheinlich denken Sie, das hier käme vom Suff!" Seine brennendheißen Finger umklammerten meine Hand und führten sie an seine Stirn.

„Großer Gott!" sagte ich.

Seine Haut fühlte sich an wie ein dünnes Tuch Samt, in das viele kleine Kieselsteine eingewickelt sind. Wenn man nur eine Stelle befühlte, war sie weich, aber wenn man mit dem Finger darüberstrich, rauh wie ein Reibeisen.

„Es ist schon in Ordnung“, sagte er und lächelte über meine erschrockene Miene. „Die Hitzepocken waren war fast genauso schlimm.“

„Aber das sind niemals Hitzepocken!“

„Nein, es ist London mit seiner verpesteten Luft. Aber morgen ist alles wieder gut. Es ist ein Chiurg an Bord, also bin ich in guten Händen. Ich muß jetzt los.“

„Nein“, sagte ich und drückte ihn wieder auf einen Stuhl. „Das ist kein Scherz! Sie rühren sich nicht von der Stelle, bis ein Arzt nach Ihnen gesehen hat. Bleiben Sie, wo Sie sind.“

Ich griff nach meinem Hut und eilte zu einem Arzt in der Nachbarschaft. Er kam mit mir. Das Zimmer war leer und Vansittart gegangen. Ich klingelte. Der Diener sagte, der Gentleman habe, sobald ich gegangen sei, eine Kutsche kommen lassen und sei darin weggefahren. Er hatte dem Kutscher aufgetragen, ihn zum Hafen zu fahren.

„Wirkte der Mann krank?“ fragte ich.

„Krank!“ Der Mann lächelte. „Nein, Sir, er hat die ganze Zeit aus voller Kehle gesungen.“

Diese Auskunft war nicht so beruhigend, wie mein Diener offenbar glaubte, aber ich dachte, daß er auf direktem Weg zur *Eastern Star* zurückgehen würde und sicher ein Arzt an Bord wäre. Ich konnte in dieser Sache also nichts tun. Dennoch – der Gedanke an seinen Durst, die heißen Hände, den verschleierten Blick, seine stammelnde Sprache und an die knorpelige Stirn verfolgte mich bis in den Schlaf und war eine sehr unangenehme Erinnerung an meinen Gast.

Am nächsten Tag war ich gegen elf Uhr am Hafen, aber die *Eastern Star* war bereits flußabwärts gefahren und schon fast in Gravesend. Nach Gravesend fuhr ich mit dem Zug, bekam aber nur noch die Masten in weiter Ferne zu sehen. Vor ihr schwebte eine Rauchwolke, die von ihrem Schlepper stammte. Ich würde nichts mehr von meinem

Freund hören, bis wir uns in Falmouth wiedersahen. Als ich wieder in mein Büro kam, fand ich dort ein Telegramm von Mrs. Vansittart vor. Sie wollte sich mit mir treffen, und am nächsten Abend waren wir beide im Royal Hotel in Falmouth und warteten auf die *Eastern Star*. Zehn Tage vergingen, und es kam keine Nachricht.

Diese zehn Tage werde ich wohl nicht vergessen. Genau an dem Tag, an dem die *Eastern Star* die Themse hinter sich gelassen hatte, kam im Osten ein heftiger Sturm auf, der die ganze Woche lang Tag für Tag wütete, ohne daß ein Nachlassen in Sicht war. Einen solchen brüllenden, tobenden, langanhaltenden Sturm hat die Südküste noch nicht erlebt. Von unseren Hotelfenstern aus sahen wir die See – sie war eingehüllt in Nebel, und wir sahen nur einen kleinen regengepeitschten, schäumenden Halbkreis. Der Wind fegte mit solcher Wucht über die Wellen hinweg, daß das Meer kaum aufbranden konnte. Jede Schaumkrone wurde mit Getöse davongespült und schwappte in die Bucht. Der Wind trieb die Wolken und die See nach Westen, und dort schaute ich auf die entfesselten Elemente und wartete Tag für Tag. Meine einzige Gefährtin war eine bleiche, schweigsame Frau mit entsetzten Augen, die pausenlos die Stirn an das Fenster preßte und vom frühen Morgen bis zum Anbruch der Nacht auf die graue Nebelwand starrte, aus der vielleicht der Umriß eines Schiffs zum Vorschein kommen würde. Sie sagte nichts, aber ihr stand die Furcht ins Gesicht geschrieben.

Am fünften Tag wandte ich mich ratsuchend an einen alten Seemann. Ich hätte lieber unter vier Augen mit ihm gesprochen, aber sie sah mich mit ihm reden und war sofort bei uns. Ihre Lippen zitterten, und in ihrem Blick war eine Bitte zu lesen.

„Vor sieben Tagen ab aus London“, sagte er, „und fünf im Sturm. Nun, der Orkan hat den Ärmelkanal leergefegt. Es gibt drei Möglichkeiten. Das Schiff könnte in einen französischen Hafen eingelaufen sein. Das ist wahrscheinlich."

„Nein, nein, er wußte, daß wir hier sind. Er hätte telegraphiert."

„O ja, das hätte er. Nun ja, er kann natürlich auch vor dem Sturm davongesegelt sein, und wenn er das getan hat, wird er jetzt nicht weit von Madeira entfernt sein. Das wird es sein, Madam, Sie können sich darauf verlassen."

„Sie sagten, es gebe drei Möglichkeiten – was ist die dritte?"

„Tatsächlich, Madam? Nein, es waren nur zwei, meine ich. Ich glaube nicht, daß ich etwas von einer dritten gesagt habe. Ihr Schiff ist da draußen auf dem Atlantik unterwegs, seien Sie sicher, und Sie werden bald etwas hören, denn das Wetter wird sich ändern. Nun machen Sie sich keine Sorgen, Madam, und warten Sie in aller Ruhe ab, dann sehen Sie morgen einen echten blauen kornischen Himmel."

Der alte Seemann hatte recht mit seiner Voraussage, denn als der nächste Tag anbrach, hatte sich der Sturm gelegt, und der Himmel war klar bis auf eine langsam verschwindende Wolke im Westen. Aber noch immer war keine Spur vom Schiff zu sehen, und es kam auch keine Nachricht. Drei weitere quälend lange Tage vergingen, die längsten, die ich je erlebt habe, dann kam ein Seemann ins Hotel und brachte einen Brief. Ich stieß einen Freudenschrei aus. Der Brief war vom Kapitän der *Eastern Star*. Nachdem ich die ersten Zeilen gelesen hatte, verdeckte ich die Schrift mit der Hand, aber sie zog sie beiseite. „Ich habe es schon gesehen", sagte sie mit kühler, gefaßter Stimme, „dann kann ich auch den Rest sehen."

„Sehr geehrter Herr", hieß es in dem Brief, „Mr. Vansittart hat die Pocken, und wir sind soweit von unserem Kurs abgekommen, daß wir nicht wissen, was zu tun ist. Er ist nicht bei Verstand und kann es uns nicht sagen. Nach ungefährer Schätzung sind wir nur dreihundert Meilen von Funchal entfernt, also halte ich es für das beste, daß wir so schnell wie möglich dorthin segeln, Mr. V. ins Krankenhaus bringen und in der Bucht auf Sie warten. In ein paar Tagen geht ein Segelschiff von Falmouth nach Funchal, soviel ich weiß. Dieser Brief wird von der Brigg *Marian* aus Falmouth, und der Bote bekommt fünf Pfund."

Hochachtungsvoll
JNO. HINES.

Sie war eine wunderbare Frau – nur ein junges Ding, das gerade die Schule hinter sich hatte, aber stark und gefaßt wie ein Mann. Sie sage nichts, sondern preßte nur die Lippen fest zusammen und setzte ihren Hut auf.

„Sie gehen aus?" fragte ich.

„Ja."

„Kann ich Ihnen behilflich sein?"

„Nein, ich gehe zum Arzt."

„Zum Arzt?"

„Ja, um zu erfahren, wie man jemanden pflegt, der an den Pocken erkrankt ist."

Sie hatte den ganzen Abend zu tun, und am nächsten Morgen fuhren wir mit der Bark *Rose of Sharon* bei einer tüchtigen Brise, die eine Geschwindigkeit von zehn Knoten ermöglichte, in Richtung Madeira. Fünf Tage lang kamen wir gut voran und waren nicht mehr weit von der Insel entfernt, aber am sechsten Tag trat eine Windstille ein, und wir lagen regungslos auf einer öligen Wasseroberfläche. Das Schiff schaukelte träge vor sich hin, kam aber kein Stück von der Stelle.

In dieser Nacht standen Emily Vansittart und ich an der Reling. Hinter uns schien der Vollmond und warf den schwarzen Schatten der Bark und unserer beiden Köpfe auf das glänzende Wasser. Von dem Schatten aus erstreckte sich ein breiter werdender Streifen Mondlicht in Richtung Horizont, das im leichten Auf und Ab der Flut schimmerte und flackerte. Wir beugten uns über die Reling und unterhielten uns über die Flaute, die Aussichten auf Wind und darüber, wie der Himmel aussah, als es plötzlich „Plop!" machte, als sei ein Lachs aus dem Wasser aufgetaucht. Und da, im hellen Licht, schoß John Vansittart aus dem Wasser und sah zu uns auf.

Ich habe nie im Leben etwas so deutlich gesehen wie diesen Mann. Das Mondlicht fiel auf ihn, und er war nur drei Ruderlängen von uns entfernt. Sein Gesicht war noch aufgedunsener als zu dem Zeitpunkt, da ich ihn das letzte Mal gesehen hatte, und zeigte hier und da kleine verkrustete Wunden, Mund und Augen waren aufgerissen wie bei jemandem, der von einer großen Überraschung überwältigt ist. Von seinen Schultern floß etwas Weißes hinab, eine Hand war erhoben, die andere klammerte sich an seine Brust. Ich sah ihn aus dem Wasser in die Luft springen, und die Wellen, die er dabei machte, schwappten in der Totenstille gegen das Schiff. Dann versank er wieder im Wasser, und ich hörte ein krachendes, knisterndes Geräusch. Es hörte sich an wie ein knackendes Reisigbündel in einem Kaminfeuer in einer frostigen Nacht. Als ich wieder hinschaute, war keine Spur mehr von ihm zu sehen – nur ein Blubbern auf der ansonsten ruhigen See. Wie lange ich dastand und am ganzen Körper zitterte, mit einer Hand eine ohnmächtige Frau festhielt und mich mit der anderen an das Geländer des Schiffes klammerte, konnte ich hinterher nicht mehr sagen. Ich galt als phlegmatischer Zeitgenosse, aber dieses eine Mal war ich bis ins Mark erschüttert. Ein- oder zweimal stampfte ich mit dem Fuß auf, um sicherzugehen, daß ich wirklich im Vollbesitz meiner fünf Sinne war und daß mir nicht etwa mein Gehirn einen Streich spielte. Als ich dastand und es immer noch nicht fassen konnte, erschauerte die Frau, öffnete die Augen, keuchte, stützte sich dann auf dem Geländer ab und blickte auf die mondbeschienene See hinaus. Ihr Gesicht war in der einen Nacht um zehn Jahre gealtert.

„Haben Sie ihn gesehen?“ murmelte sie.

„Ich habe etwas gesehen.“

„Er war es! Es war John! Er ist tot!“

Ich murmelte ein paar lahme Worte des Zweifels.

„Kein Zweifel – er ist genau zu dieser Stunde gestorben“, flüsterte sie. „Im Krankenhaus auf Madeira. Ich habe von solchen Dingen gelesen. Seine Gedanken haben mich erreicht. Seine Erscheinung ist zu mir gekommen. Oh, mein John, mein lieber, lieber John, ich habe ihn verloren!“

Sie brach plötzlich in haltloses Weinen aus, und ich führte sie in ihre Kabine hinunter und ließ sie mit ihrem Schmerz allein. In der Nacht kam im Osten eine kräftige Brise auf, und am Abend des nächsten Tages segelten wir an den beiden kleinen Los-Desertos-Inseln vorbei und gingen bei Sonnenuntergang in der Bucht von Funchal vor Anker. Die Eastern Star lag nicht weit von uns entfernt. An ihrem Hauptmast flatterte die Quarantäne-Flagge, und der Union Jack wehte auf halbmast

„Sehen Sie nur“, sagte Mrs. Vansittart schnell. Ihre Augen waren trocken, denn sie wußte, was auf sie zukam.

In dieser Nacht bekamen wir die Genehmigung der Behörden, an Bord der *Eastern Star* zu gehen. Der Kapitän, Hines, erwartete uns an Deck. Sein joviales Gesicht verriet Ratlosigkeit und Kummer, als er nach den passenden Worten suchte, um die traurige Nachricht zu überbringen, aber sie nahm ihm die Worte aus dem Mund.

„Ich weiß, daß mein Mann tot ist“, sagte sie. „Er ist gestern abend gegen zehn Uhr im Krankenhaus auf Madeira gestorben, nicht wahr?“

Der Seemann starrte sie entgeistert an. „Nein, Madam – er ist vor acht Tagen auf See gestorben, und wir mußten ihn im Meer bestatten, denn es herrschte Windstille, und wir wußten nicht, wann wir das Land erreichen würden."

Nun, das sind die wichtigsten Fakten über den Tod von John Vansittart und die Erscheinung, die seine Frau irgendwo auf 35 Grad nördlicher Breite und 15 Grad westlicher Länge gesehen hat. Einen so klaren Fall von einer Geistererscheinung hat es nur selten gegeben, und er wird seitdem als solcher geschildert, gedruckt und findet in gebildeten Kreisen Beifall. Die Geschichte ist nun als eine von vielen in Umlauf, um die jüngsten Theorien über Telepathie zu unterstützen. Ich persönlich halte Telepathie für bewiesen, würde aber diesen Fall aus der Liste der Beispiele streichen und sagen: Ich glaube nicht, daß es John Vansittarts Geist, sondern John Vansittart selbst war, den wir in jener mondhellen Nacht aus den Tiefen des Atlantik haben auftauchen sehen. Ich bin überzeugt, daß ein merkwürdiger Zufall – einer der Zufälle, die als so unwahrscheinlich gelten und doch so häufig vorkommen – uns genau an der Stelle des Meeres festgehalten hat, an der der Tote eine Woche zuvor versenkt worden war. Des weiteren sagt der Chirurg, daß das Bleigewicht nicht allzu sorgfältig befestigt worden war und daß sieben Tage Veränderungen mit sich bringen, die eine Leiche an die Wasseroberfläche treiben. Angesichts der Tiefe, in die das Gewicht die Leiche wahrscheinlich hinabgezogen hatte, erklärt er, daß es möglicherweise so lange gedauert haben kann, den Körper an die Wasseroberfläche zu treiben. Das ist meine persönliche Erklärung für diese Sache, und wenn Sie mich fragen, was danach mit der Leiche passiert ist, muß ich Sie an das schnappende, knisternde Geräusch erinnern und an das Blubbern im Wasser. Haie suchen ihre Beute gern an der Wasseroberfläche und sind in diesem Teil des Meeres sehr zahlreich.

Eine Begegnung

Man kommt ins Philosophieren, wenn man über die großen Persönlichkeiten nachdenkt, die auf der Bühne dieser Welt standen und die gleiche Rolle spielten, ohne einander jemals zu begegnen oder auch nur von der Existenz des jeweils anderen zu wissen. Zum Beispiel hat der Großmogul Babur Indien zum gleichen Zeitpunkt überrannt, in dem Hernando Cortez Mexiko überrannte, und trotzdem können die beiden nie voneinander gehört haben. Oder – um ein bedeutenderes Beispiel zu nennen – was konnte Kaiser Augustus Cäsar von der Werkstatt eines gewissen Tischlers wissen, in der ein Junge mit verträumten Augen arbeitete, der die ganze Welt verändern würde? Es kann jedoch passieren, daß diese großen Zeitgenossen einander begegnen, in Kontakt treten und sich wieder trennen – ohne von der wirklichen Bedeutung des jeweils anderen etwas zu ahnen. So geschah es in der Geschichte, die jetzt erzählt wird.

Es war eines Abends im Hafen von Tyros, ungefähr elfhundert Jahre vor der Ankunft Christi. Die Stadt hatte zu jener Zeit etwa eine Viertelmillion Einwohner, von denen die meisten auf dem Festland lebten. Die Villen der reichen Kaufleute – jede hatte ihren eigenen, vom Bäumen umgebenen Garten – lagen an der Küste, und die Häuserkette erstreckte sich über mehrere Meilen. Die große Insel jedoch, der die Stadt ihren Namen verdankte, lag weit von der Küste entfernt und beherbergte in ihren engen Grenzen die berühmteren Tempel und öffentlichen Gebäude. Der wichtigste Tempel war der des Melmoth, der mit seinen langen Säulengängen den Großteil der Seite der Insel einnahm, die über dem sidonischen Hafen lag, der so genannt wurde, weil nur zwanzig Meilen entfernt die ältere Stadt Sidon einen regen Handelsverkehr mit ihrem aufsteigenden Ableger unterhielt. Gasthöfe waren noch nicht verbreitet, aber ein ärmerer Reisender fand ein Quartier bei gastfreundlichen Bürgern, während Männer von Stand häufig im Anbau der Tempel untergebracht wurden, wo die Diener der Priester für ihr Wohlergehen sorgten.

An diesem bestimmten Abend standen zwei bemerkenswerte Personen im Säulengang des Melmoth-Tempels und wurden von einer beträchtlichen Anzahl phönizischer Müßiggänger beobachtet. Einem der beiden konnte man vom Gesicht ablesen, daß er eine Respektsperson war. Seine markanten Gesichtszüge waren die eines Mannes, der ein abenteuerliches Leben hinter sich hatte, und verrieten alle männlichen Eigenschaften – von tapferer Entschlossenheit bis hin zu verzweifeltem Aktionismus. Seine breiten, hohen Brauen und der nachdenkliche Blick zeigten, daß er ein Mann von Klugheit und Können war. Seine Kleidung war die eines Angehörigen der griechischen Oberschicht: eine weiße Tunika aus Leinen, ein goldverzierter Gürtel, an dem ein kurzes Schwert hing, und ein purpurner Umhang. Die Unterschenkel waren bloß, die Füße steckten in Sandalen aus rotem Leder. Die weiße Stoffmütze auf den braunen Locken hatte er nach hinten geschoben, denn die Hitze des Tages war vorbei und die abendliche Kühle sehr willkommen.

Sein Begleiter war ein kleiner, untersetzter Mann mit Stiernacken und dunkler Haut. Sein Gewand hatte gedeckte Farben und ließ ihn düster aussehen, ein Eindruck, der nur durch das lebendige Rot seiner Wollmütze gemildert wurde. Seinem Freund gegenüber verhielt er sich respektvoll, und trotzdem hatte sein Auftreten etwas von der Vertraulichkeit, die gemeinsame Gefahren und gemeinsame Interessen mit sich bringen.

„Sei nicht ungeduldig, Gebieter", sagte er gerade. „Gib mir zwei Tage – oder höchstens drei –, und wir werden beim Aufmarsch einen glänzenden Auftritt hinlegen. Aber man würde uns wirklich belächeln, wenn wir mit zehn fehlenden Rudern und einem zerfledderten Hauptsegel nach Tenedos hinaufschippern."

Der andere runzelte die Stirn und stampfte wütend mit dem Fuß auf.

„Wir wären jetzt dort, wäre nicht dieses verdammte Mißgeschick passiert", sagte er. "Aeolus hat uns einen schönen Streich gespielt, als er so ein Unwetter aus heiterem Himmel geschickt hat."

„Nun ja, Gebieter, zwei der Galeeren aus Kreta sind gesunken, und Trophimes, der Kapitän, schwört, daß eines der Schiffe von Argos in Schwierigkeiten war. Bete zu Zeus, daß es nicht die Galeere von Menelaos war. Wir werden nicht die letzten beim Aufmarsch sein."

„Es ist gut, daß Troja gute zehn Meilen vom Meer entfernt liegt, denn wenn sie ihre Flotte auslaufen ließen, könnten sie uns in einem ungünstigen Moment erwischen. Wir hatten keine andere Wahl, als herzukommen und das Schiff zu warten, aber ich werde meines Lebens nicht mehr froh, bis ich wieder den weißen Schaum sehe, den unsere Ruder aufwirbeln. Geh, Scleucas, und bring sie auf Trab, so gut du kannst."

Der Offizier verbeugte sich und ging, während der Kapitän dastand und seine riesige abgetakelte Galeere anstarrte, auf der die Takler und Tischler bienenfleißig herumschwirrten. Ein Stück weiter entfernt auf der Reede lagen elf andere, kleinere Galeeren, die darauf warteten, daß ihr lädiertes Flaggschiff fertig wurde. Das Licht der Sonne glänzte auf Hunderten von Bronzehelmen und

Brustpanzern, die ein deutliches Zeugnis von der kriegerischen Natur ihrer Unternehmung abgaben. Außerdem wimmelte es im Hafen von Handelsschiffen, die auf den Kais Ware be- oder entluden.

Direkt zu Füßen des griechischen Kapitäns waren drei breite Barken vertäut, und Gruppen von Arbeitern waren dabei, die Purpurschnecken aus Dor, die für die berühmten gefärbten Stoffe aus Tyros gedacht waren, aus denen die vornehmsten aller Gewänder entstanden. Neben ihnen lag ein kleines Schiffchen aus Britannien, und die quadratischen Barren aus dem kostbaren Metall, aus dem Bronze hergestellt wird, wurden zu den wartenden Wagen weitergereicht.

Der Grieche lächelte über das naive Staunen eines Mannes aus Cornwall, der mit seiner kleinen Schaluppe gekommen war und nun überwältigt war, als er die langen Säulengänge des Melmoth-Tempels und die hohe Vorderseite des Schreins von Ashtaroth bewunderte. Während er noch in den Anblick versunken war, nahmen ihn einige seiner Matrosen in die Mitte und führten ihn am Kai entlang zu einer Weinstube, einem Gebäude, das ihm wesentlich vertrauter war.

Der Grieche lächelte immer noch, als er sich umdrehte, um wieder zum Tempel zu gehen. Da kam einer der glattrasierten Baal-Priester auf ihn zu.

„Es gibt Gerüchte, Gebieter", sagte er, „nach denen du auf einem sehr weiten und gefährlichen Weg bist. Durch das Gerede deiner Soldaten ist überall bekannt, was du vorhast."

„Es stimmt", sagte der Grieche, „daß uns eine schwere Aufgabe bevorsteht. Aber es wäre noch härter gewesen, zu Hause auszuharren und das Gefühl zu haben, daß die Ehre eines Anführers der Argiven von diesem Hund aus Asien besudelt wurde."

„Ich höre, daß sich ganz Griechenland an dem Kampf beteiligt."

„Ja, es gibt keinen einzigen Führer von Thessaloniki bis Malea, der nicht seine Männer zusammengerufen hat, und im Hafen von Aulis warten zwölfhundert Galeeren."

„Das ist ein gewaltiges Aufgebot", sagte der Priester. „Aber habt ihr Seher oder Propheten unter euren Leuten, die voraussagen können, was passieren wird?"

„Ja, wir hatten so einen, Calchas hieß er. Er hat gesagt, daß wir neun Jahre kämpfen müssen und der Sieg erst im zehnten Jahr kommen wird."

„Das ist ein schwacher Trost", sagte der Priester. „Es ist ein großes Ziel, wenn es zehn Lebensjahre eines Menschen wert sein soll."

Der Grieche antwortete: „Ich würde nicht nur zehn Jahre, sondern mein ganzes Leben geben, wenn ich nur das stolze Ilium in Schutt und Asche legen und Helena in ihren Palast auf den Hügel von Argos bringen könnte."

„Ich bete zu Baal, dessen Priester ich bin, daß das Glück auf eurer Seite sein möge", sagte der Phönizier. „Ich habe gehört, daß diese Trojaner tapfere Soldaten sind, und daß Hektor, der Sohn des Priamos, ein mächtiger Anführer ist."

Der Grieche lächelte stolz.

„Sie müssen tapfer sein und eine gute Führung haben", sagte er, „wenn sie dem Ansturm des langhaarigen Argives mit Kapitänen wie Agamemnon, dem Sohn des Atreus aus dem goldenen Mykene, oder Achilles, Sohn des Peleus mit seinen Myrmidonen standhalten können. Aber diese Dinge liegen in den Händen der Schicksalsgöttinnen. In der Zwischenzeit, mein Freund, würde ich gern wissen, wer diese fremden Leute sind, die die Straße herunterkommen, denn der Mann an der Spitze sieht aus wie jemand, der zu großen Taten geschaffen ist."

Ein hochgewachsener Mann in einer langen weißen Robe und mit einem goldenen Band in seinem wallenden kastanienbraunen Haar, kam mit großen Schritten die

Straße hinunter. Sein Gang war federnd, wie der eines Menschen, der ein Leben mit vielen Aktivitäten im Freien geführt hat. Sein Gesicht hatte eine frische Farbe und feine Züge, und ein kurzer gekreuselter Bart bedeckte die energischen, kantigen Kiefer. Als er zum Abendhimmel hinauf und auf das unruhige Wasser hinuntersah, verrieten seine klaren blauen Augen etwas von der Schwärmerei des Dichters, und der junge Mann, der neben ihm herging und eine Harfe trug, war ein Zeichen dafür, daß er Musik liebte. Aber an seiner anderen Seite ging ein zweiter Diener, der ein glänzendes Schild und einen schweren Speer trug, damit sein Herr nie von seinen Feinden überrascht würde. Ihm folgte ein wilder Haufen dunkler Männer, die Habichten ähnelten, bis an die Zähne bewaffnet waren und begehrliche Blicke auf die Zeichen des Wohlstandes warfen, die sie umgaben. Sie hatten dunkle Haut wie Araber, waren aber besser gekleidet und besser bewaffnet als die wilden Kinder der Wüste.

„Sie sind nichts weiter als Barbaren“, sagte der Priester. „Er ist ein kleiner König aus den Bergen gegenüber von Philistia und kommt hierher, weil er die Stadt Jebus errichten will, die seine Hauptstadt werden soll. Nur hier kann er die Wälder, Steinbrüche und Leute mit dem Können finden, die er braucht. Der Junge mit der Harfe ist sein Sohn. Aber ich bitte dich, Hauptmann, wenn du wissen willst, was in Troja auf dich zukommt, dann komm mit mir in die Außenhalle des Tempels, denn dort haben wir eine berühmte Seherin, die Prophetin Alaga, die auch die Priesterin von Ashtarot ist. Vielleicht kann sie für dich das gleiche tun wie schon für viele andere, und ihr seid auf der Heimreise von Tyros in euren hohlen Schiffen leichteren Herzens als bei der Ankunft.“

Den Griechen, die mit Orakeln, Omen und Augurien in die Zukunft sahen, war so ein Vorschlag immer willkommen. Der Grieche folgte dem Priester in das Heiligtum im

Inneren des Tempels, wo die berühmte Pythia saß – eine große schöne Frau mittleren Alters. Sie saß an einem steinernen Tisch, auf dem ein Abakus oder ein Gefäß mit Sand stand. Sie hielt einen Griffel aus Chalcedon in der Hand, mit dem sie seltsame Linien und Kurven in die glatte Sandoberfläche zeichnete, das Kinn in die andere Hand gestützt und den Blick nach unten gerichtet. Sie sah nicht auf, als der Hauptmann und der Priester auf sie zugingen, sondern kritzelte noch heftiger mit ihrem Griffel, so daß Linie auf Linie in rascher Abfolge entstanden. Dann sprach sie – immer noch mit gesenktem Blick – in einem eigenartigen, hohen, seufzenden Ton, der wie Wind in den Bäumen klang.

„Wer kommt zu Alaga von Tyros, der Dienerin des großen Ashtaroth? Ich sehe eine Insel im Westen und einen alten Mann – er ist der Vater – und den großen König, seine Frau und seinen Sohn, der zu Hause auf ihn wartet, weil er noch zu jung ist, um in den Krieg zu ziehen. Stimmt das nicht?“

„Ja, Jungfrau, du hast die Wahrheit gesagt“, antwortete der Grieche.

„Vor mir standen schon viele große Männer, aber kein größerer als du, denn noch in dreitausend Jahren werden die Leute von deiner Tapferkeit und deiner Weisheit sprechen. Sie werden sich auch an die treue Ehefrau zu Hause erinnern und an den Namen des alten Mannes und an den Jungen – deinen Sohn –, alles wird im Gedächtnis der Menschen bleiben, wenn die Mauern des vornehmen Sidon und des königlichen Tyros nicht mehr stehen.“

„Nein, nein, sag das nicht, Alaga!“ rief der Priester.

„Ich sage nicht das, worauf ich hoffe, sondern das, was ich sagen muß. Zehn Jahre werdet ihr kämpfen, und dann werdet ihr gewinnen, und der Sieg wird den anderen Ruhe verschaffen, euch aber nur neuen Ärger bescheren. Ah!“ Die Prophetin zuckte plötzlich vor Überraschung zusammen, und ihre Hand malte noch schneller Zeichen in den Sand.

„Was hast du, Alaga?“ fragte der Priester.

Die Frau hatte mit einem fieberhaft forschenden Blick aufgesehen. Sie schaute weder den Priester noch den Anführer an, sondern auf die Tür hinter ihnen. Der Grieche sah sich um und stellte fest, daß zwei Neuankömmlinge den Raum betreten hatten. Es waren der rotgesichtige Barbar, der ihm auf der Straße aufgefallen war, und der Junge, der seine Harfe trug.

„Es ist das Wunder aller Wunder, daß zwei solche Menschen an ein und demselben Tag meine Kammer betreten“, rief die Priesterin. „Ich habe ja gesagt, daß ihr die beiden großartigsten seid, die je zu mir gekommen sind – und doch, jetzt ist jemand hier, der noch größer ist! Denn er und sein Sohn – genau dieser Junge, den ich vor mir sehe – werden auch noch allen bekannt sein, wenn Länder außerhalb der Säulen des Herkules den Platz von Phönizien und Griechenland eingenommen haben. Sei gegrüßt, Fremder, sei gegrüßt! Geh wieder an deine Arbeit, denn sie wartet auf dich und ist großartiger, als ich mit Worten beschreiben kann.“ Die Frau erhob sich von ihrem Stuhl, ließ den Griffel fallen und eilte aus dem Zimmer.

„Es ist vorbei“, sagte der Priester. „Ich habe sie noch nie so reden hören.“

Der Grieche sah den Barbaren mit Interesse an. „Du sprichst Griechisch?“ fragte er.

„Nicht besonders gut“, sagte er. „Aber in Anbetracht der Tatsache, daß ich ein langes Jahr in Ziklag im Land der Philister verbracht habe, sollte ich es verstehen.“

„Es scheint“, sagte der Grieche, „daß die Götter uns beide dazu auserkoren haben, eine Rolle in der Welt zu spielen.“

„Fremder“, antwortete der Barbar, „es gibt nur einen Gott.“

„Meinst du? Nun, darüber reden wir lieber ein anderes Mal. Aber ich wüßte gern deinen Namen und deinen Rang und welche Absichten du hast, damit wir vielleicht in den nächsten Jahren voneinander hören. Ich bin Odysseus, auch bekannt als Ulysses, der König von Ithaka, und der gute Laertes ist mein Vater und der junge Telemachus mein Sohn. Was meine Aufgabe betrifft – es ist die Einnahme von Troja."

„Und meine Aufgabe", sagte der Barbar, „ist der Bau von Jebus, das wir heute Jerusalem nennen. Unsere Wege trennen sich, aber vielleicht erinnerst du dich irgendwann einmal daran, daß du den Weg Davids, des zweiten Königs der Hebräer, und seines jungen Sohnes Salomon, der ihm vielleicht auf den Thron von Israel folgen wird, gekreuzt hast."

Damit wandte er sich um und verschwand in der dunklen Straße, wo seine Speerträger ihn erwarteten, während der Grieche zu seinem Boot zurückging, um zu sehen, was noch zu erledigen sei, bevor er seine Reise fortsetzen konnte.

Der Zenturio

Fragment eines Briefes von Sulpicius Balbus, dem Gesandten der Zehnten Legion, an seinen Onkel Lucius Piso, geschrieben in seinem Landhaus nahe bei Baiä, datiert auf den ersten August im Jahr 824 von Rom

Ich habe Dir, mein lieber Onkel, versprochen, daß ich Dir alles Wissenswerte über die Belagerung von Jerusalem berichten würde; aber diese Leute haben uns tatsächlich so in Atem gehalten, daß kaum Zeit zum Briefeschreiben blieb.

Als wir nach Judäa kamen, erwarteten wir, daß die Sache nach ein paar Trompetenstößen und etwas Gebrüll erledigt sein würde, und malten uns einen glänzenden Triumphzug in der Via Sacra aus, bei dem alle Mädchen von Rom uns Blumen und Kußhände zuwerfen würden. Nun, vielleicht bekommen wir unseren Triumph und die Küsse möglicherweise auch, aber ich kann Dir versichern: Nicht einmal Du, der Du einen so strapaziösen Dienst am Rhein hinter Dir hast, kannst jemals einen härteren Feldzug als diesen erlebt haben.

Mittlerweile haben wir die Stadt erobert. Heute steht ihr Tempel in Flammen, und der Rauch reizt mich zum Husten, währen ich in meinem Zelt sitze und schreibe. Aber es war eine schreckliche Sache, und ich bin sicher, daß keiner von uns Judäa wiedersehen will.

Wenn man gegen Gallier oder Germanen kämpft, dann hat man es mit tapferen Männern zu tun, die von Vaterlandsliebe beflügelt sind. Doch diese Leidenschaft ist bei einigen ausgeprägter als bei anderen, und deshalb ist nicht die ganze Armee gleichermaßen davon besessen. Diese Juden aber haben außer ihrer großen Vaterlandsliebe noch eine verzweifelte religiöse Inbrunst, die ihnen in der Schlacht einen Elan verleiht, den keiner von uns je erlebt hat. Sie stürzen unseren Schwertern und Lanzen mit Freudengeheul entgegen, als könnten sie es nicht erwarten, endlich zu sterben.

Wenn einer von ihnen in Dein Lager eindringt, dann gnade Dir Jupiter, denn ihre Dolche sind tödlich, und wenn es zu einem Handgemenge kommt, sind sie gefährlich wie reißende Bestien, die einem an die Kehle springen oder die Augen auskratzen.

Du weißt, daß unsere Soldaten der Zehnten Legion seit Cäsars Zeiten ebenso robuste Soldaten sind wie alle im Zeichen des Adlers, aber ich kann Dir versichern, daß diese Fanatiker mit ihrem Kampfgeist es ihnen richtig gezeigt haben.

Wir mußten natürlich die Stellung halten, denn es war von Anfang an unsere Aufgabe, den Stützpunkt auf der Halbinsel zu sichern, auf der diese außergewöhnliche Stadt liegt. Auf allen anderen Seiten liegen steile Abhänge, so daß nur auf diesem nördlichen Stützpunkt Flüchtlinge entkommen oder neue Truppen eintreffen können. In der Zwischenzeit haben die fünfte, fünfzehnte und die zwölfte Legion oder syrische Legionen die Arbeit erledigt, gemeinsam mit den Hilfstruppen.

Die armen Teufel! Wir haben sie oft bedauert, und zeitweise war nur schwer zu unterscheiden, ob wir die Stadt angriffen oder die Stadt uns. Sie haben unsere Schildkröten mit Steinen zerstört, unsere Türme in Brand gesetzt und sind marodierend durch unser Lager gezogen, um die

Vorräte bei der Nachhut zu vernichten. Wenn jemand behauptet, Juden seien keine guten Soldaten, kannst Du sicher sein, daß er nie in Judäa war.

Aber das hat alles nichts mit dem zu tun, was mich zur Feder greifen ließ. Natürlich ist es auf dem Forum und in den Bädern in aller Munde, wie unsere Armee unter der ausgezeichneten Führung des fürstlichen Titus, Stellungen und Wälle, nach und nach, nahm, bis schließlich nur noch der Tempel vor uns lag.

Das ist – oder war, denn selbst jetzt beim Schreiben sehe ich noch den Rauch – eine sehr starke Festung.

Römer haben keine Ahnung, wie großartig dieser Platz ist. Der Tempel, von dem ich spreche, ist ein viel prächtigeres Gebäude als einer von denen, die wir in Rom haben, ebenso der Palast, der von Herodes oder Agrippa – ich weiß wirklich nicht mehr genau, von wem – gebaut wurde.

Dieser Tempel ist zweihundert auf zweihundert Schritte groß und besteht aus Steinen, zwischen die keine Schwertklinge paßt, und die Soldaten behaupten, drinnen gäbe es soviel Gold, daß man damit die Taschen der ganzen Armee füllen könnte. Diese Vorstellung hat den Angriff in Schwung gebracht, wie Du Dir vorstellen kannst, aber beim Anblick dieser Flammen fürchte ich, daß viele der Kostbarkeiten verloren sein werden.

Um den Tempel fand eine gewaltige Schlacht statt, und es war das Gerücht in Umlauf, daß er nachts im Sturm genommen werden sollte. Also ging ich auf den Hügel, von dem aus man die Stadt am besten sieht. Ich frage mich, Onkel, ob Du auf Deinen vielen Feldzügen jemals den Geruch einer großen belagerten Stadt gerochen hast. In dieser Nacht kam der Wind von Süden, und der schreckliche Geruch des Todes stieg uns direkt in die Nase. Es waren eine halbe Million Menschen dort, und alle Formen von Krankheit, Hunger, Verwesung, Schmutz und Schrecken kamen auf engstem Raum zusammen. Du weißt ja, wie die Löwengehege hinter dem Circus Maximus stinken, beißend und faulig. Der Geruch hier ist ähnlich, aber gemischt mit einer schwachen, tödlichen, kaum wahrnehmbaren Ausdünstung, die einem das Herz sinken läßt. Ein solcher Geruch zog aus der Stadt den Hügel hinauf. Als ich in der Dunkelheit dastand, eingehüllt in meine scharlachrote Tunika – denn die Abende hier sind kühl –, merkte ich plötzlich, daß ich nicht allein war.

Eine hochgewachsene, stumme Gestalt stand in meiner Nähe und schaute ebenso wie ich auf die Stadt hinunter. Ich konnte im Mondlicht erkennen, daß er Offizierskleidung trug, und als ich auf ihn zuging, sah ich, daß es Longinus war, der dritte Tribun meiner eigenen Legion, ein Soldat, der ein hohes Alter erreicht und viel erlebt hat. Er ist ein sonderbarer, schweigsamer Mann, den alle respektieren, den aber keiner versteht, denn er hält sich aus allem heraus und denkt mehr, als er redet.

Als ich mich ihm näherte, schlugen die ersten Flammen aus dem Tempel und loderten so hoch auf, daß sie einen Feuerschein auf unsere Gesichter warfen und sich in unseren Waffen spiegelten. In diesem roten Licht sah ich, daß das Gesicht meines Gegenübers wie versteinert war.

„Endlich!“ sagte er. „Endlich!“

Er sprach eher mit sich als mit mir, denn er fuhr zusammen und sah verwirrt aus, als ich ihn fragte, was er meine.

„Ich habe schon lange erwartet, daß dem Ort Unheil bevorsteht“, sagte er. „Nun sehe ich, daß es gekommen ist, und deshalb habe ich ‚Endlich!‘ gesagt.“

„Was das betrifft“, antwortete ich, „wir haben alle vorhergesehen, daß der Stadt Unheil bevorsteht, weil sie sich immer und immer wieder gegen die Autorität der Cäsaren aufgelehnt hat.“

Er sah mich aufmerksam an, und in seinem Blick lag eine Frage.

Dann sagte er: „Ich habe gehört, Herr, daß du jemand bist, der in Fragen des Glaubens tolerant ist und der Meinung ist, jeder solle seine eigene Religion nach bestem Wissen und Gewissen ausüben.“

Ich antwortete, daß ich ein Stoiker der Schule Senecas sei, der finde, daß diese Welt völlig unbedeutend wäre und daß wir wenig Wert darauf legen sollten, was aus ihr würde, sondern stattdessen alles verachten sollten bis auf das Höchste.

Er lächelte grimmig dazu. „Ich habe gehört“, sagte er, „daß Seneca bei seinem Tod der reichste Mann in Neros ganzem Reich war. Also hat er trotz seiner Philosophie in dieser Welt sein Schäfchen ins Trockene gebracht.“

„Zu welcher Glaubensrichtung gehörst du?“ fragte ich. „Bist du vielleicht einer von denen, der die Isis verehrt oder in die Gesellschaft von Mythra aufgenommen wurde?“

„Hast du jemals von den Christen gehört?“ fragte er.

„Ja“, sagte ich.

„In Rom gab es ein paar Sklaven und einige Wanderprediger, die sich Christen genannt haben. Soweit ich es mitbekommen habe, verehrten sie einen Mann, der hier in Judää gestorben ist. Er wurde, glaube ich, zu Tiberius’ Zeiten hingerichtet.“

„Das stimmt“, sagte er. „Zu der Zeit war Pilatus Prokurator – Pontius Pilatus, der Bruder des alten Lucius Pilatus, der zu Augustus’ Zeiten Ägypten unter seiner Fuchtel hatte. Pilatus selbst war unentschlossen, aber der Pöbel gebärdete sich wie eine rasende Meute, genau wie die Männer, mit denen wir fertigwerden mußten. Pilatus bot ihnen einen Verbrecher an, um sie abzulenken, weil er hoffte, daß sie zufrieden sein würden, solange nur Blut floß. Aber sie wählten den anderen, und Pilatus war nicht stark genug, ihnen die Stirn zu bieten. Ach! Es war eine Schande – eine Tragödie!“

„Sie scheinen gut darüber Bescheid zu wissen“, bemerkte ich.

„Ich war dabei“, sagte der Mann schlicht und verstummte, während wir beide die gewaltige Rauchsäule betrachteten, die von dem brennenden Tempel aufstieg.

Als das Feuer aufloderte, konnten wir die weißen Zelte der Armee und die ganze Umgebung sehen. Außerhalb der Stadt lag ein niedriger Hügel, und mein Begleiter zeigte darauf.

„Dort ist es passiert“, sagte er. „Ich habe den Namen des Ortes vergessen, aber in jenen Tagen – es war vor über dreißig Jahren – hat man dort Verbrecher hingerichtet. Aber Er war kein Verbrecher. Ich denke immer an Seine Augen – an Seinen Blick.“

„Was war daran denn so besonders?“

„Sein Blick verfolgt mich seitdem – ich sehe Ihn sogar jetzt noch. In Seinen Augen schien sich aller Kummer der Welt zu spiegeln. Solche Trauer und dennoch so ein tiefes, liebevolles Mitgefühl! Man sollte meinen, daß Er derjenige war, der Anteilnahme verdient hatte, wenn man Sein armes entstelltes Gesicht sah. Aber Er dachte keinen Moment an sich selbst – aus Seinen sanften Augen sprach nur grenzenloses Mitleid.

Es war eine sehr edelmütige Einheit der Legion da, und es befand sich keiner darunter, der nicht den Wunsch hatte, die johlende Menge zur Räson zu bringen, die einen solchen Mann zur Hinrichtung schleifte.“

„Was hattest du dort zu tun?“

„Ich war ein junger Zenturio, und die goldene Weinrebe schmückte meine Schultern erst seit kurzem. Ich habe auf dem Hügel Wache gestanden und habe nie eine Arbeit so ungern getan. Doch die Disziplin muß gewahrt bleiben, und Pilatus hatte den Befehl erlassen. Aber ich dachte damals – und war nicht allein mit meiner Meinung –, daß der Name und das Wirken dieses Mannes nicht in Vergessenheit geraten würden und daß ein Fluch auf dem Platz liegen würde, der eine solche Untat gesehen hatte.

Eine alte Frau war da – seine Mutter, deren graues Haar ihr den Rücken hinabfiel. Ich weiß noch, wie sie aufschrie, als einer von unseren Leuten eine Lanze nahm und Ihn von seinen Schmerzen erlöste. Und ein paar andere, Frauen und Männer, arm und zerlumpt, standen bei Ihm. Aber du siehst ja, daß es so gekommen ist, wie ich dachte. Wie du bemerkt hast, sind sogar in Rom Anhänger von ihm aufgetaucht."

„Ich habe das Gefühl", sagte ich, „daß ich gerade mit einem von ihnen spreche."

„Zumindest habe ich ihn nicht vergessen", sagte er. „Ich war seitdem ununterbrochen im Kriegsdienst und hatte kaum Zeit für Studien. Aber meine Pension ist überfällig, und wenn ich den Soldatenmantel gegen die Toga und das Zelt gegen einen kleinen Bauernhof in der Nähe von Como eingetauscht habe, werde ich mich eingehender mit diesen Dingen befassen, wenn ich zufällig jemanden finden sollte, der mich unterrichten kann."

Und so verließ ich ihn. Ich erzähle dir all das nur, weil ich mich erinnere, daß du Interesse an diesem Paulus hattest, der hingerichtet wurde, weil er diese Religion verbreitet hat. Du hast mir erzählt, daß sie bis in Cäsars Palast vorgedrungen ist, und ich kann Dir jetzt sagen, daß sie auch Cäsars Soldaten erreicht hat. Aber abgesehen davon möchte ich dir einige der Abenteuer schildern, die wir auf einem Beutezug in den Hügeln hatten, die ebenso weit nach Süden reichen wie der Fluß Jordan.

Am nächsten Tag …

Hier endet das Fragment.

Quellen und Originaltitel

Sämtliche Erzählungen erscheinen hier in deutscher Erstveröffentlichung in der Übersetzung von Nadine Erler.

Die vorliegenden Erzählungen erschienen im englischen Original zunächst in diversen Literaturmagazinen und die Mehrzahl danach – neben anderen – in dem Band „The Last Galley“, Smith, Elder Co., London 1911, zeitgleich mit einer Kolonial-Ausgabe (C. Bell & Sons, London 1911), einer US-Ausgabe (Doubleday, Page & Company, Garden City, New York 1911, sowie der „kontinentalen“ Tauchnitz-Ausgabe (Bernhard Tauchnitz, Leipzig 1911).

Danach erschien der Kern dieser Erzählungen in dem Band „Tales of Long Ago“, John Murry, London 1922 (vermehrt um die Erzählung „A Point of Contact“) sowie in der parallel erschienenen US-Ausgabe dieses Bandes unter dem veränderten Titel „The Last of the Legions and Other Tales of Long Ago“, George H. Doran Company, New York 1922, (abermals vermehrt um die Erzählung „The Centurion“).

„Vorwort“ (Preface).

Vorwort zu dem Band: The Last Galley. Impressions and Tales. Smith, Elder & Co., London 1911. In dem Vorwort bezieht sich Doyle auf die Zusammenstellung der Erzählungen in der Buchausgabe „The Last Galley“

aus dem Jahre 1911, die mit der hier vorliegenden Auswahl nicht identisch ist. Insofern trifft sein Satz „Die zweite Hälfte der Sammlung besteht aus acht Geschichten …“ für diese Ausgabe nicht zu.

„Die letzte Galeere“ (The Last Galley).
Erstveröffentlichung des Originals in „London Magazine“, November 1910.

„Ein Bilderstürmer“ (An Iconoclast).
Erstveröffentlichung des Originals in „Associated Sunday Magazines“: „Sunday Magazine“ of the New York Tribune, 5.3.1911.

„Der Riese Maximinus“ (Giant Maximin).
Erstveröffentlichung des Originals in „The Literary Pagent“, Hyatt, July 1911.

„Der Tag des Zorns“ (The Coming of the Huns).
Erstveröffentlichung des Originals in „Scribner's Magazine“, New York and London, November 1910.

„Die letzte Legion“ (The Last of the Legions).
Erstveröffentlichung des Originals in „London Magazine“, December 1910.

„Die erste Fracht“ (The First Cargo).
Erstveröffentlichung des Originals in „Scribner's Magazine“, New York and London, December 1910.

„Die Heimkehr“ (The Homecoming).
Erstveröffentlichung des Originals in „Strand Magazine“, December 1909 / „Strand Magazine“, New York, December 1909.

„Der rote Stern“ (The Red Star).
Erstveröffentlichung des Originals in „Scribner’s Magazine“, New York and London, January 1911.

„Der Silberspiegel“ (The Silver Mirror).
Erstveröffentlichung des Originals in „Strand Magazine“, August 1908 / „Strand Magazine“, New York.

„Lord Falconbridge“ (The Lord of Falconbridge: A Legend of the Ring). Erstveröffentlichung des Originals in „Strand Magazine“, August 1909 / „Strand Magazine“, New York, September 1909.

„Aus dem Rennen“ (Out of the Running).
Erstveröffentlichung des Originals in „Black and White“, January 1892.

„De Profundis“ (De Profundis).
Erstveröffentlichung des Originals in „Idler“, March 1892 / „Independet“, New York, February 1892.

„Eine Begegnung“ (A Point of Contact).
Erstveröffentlichung des Originals in „Story-Teller“, October 1922. Erste Original-Buchausgabe in „Tales of Long Ago“, John Murray, London 1922.

„Der Zenturio“ (The Centurion [Being the fragment of a letter from Sulpicius Balbus, Legate of the Tenth Legion, to his uncle, Lucius Piso, in his villa near Baiæ, dated The Kalends of the month of Augustus in the year 824 of Rome]).
Erstveröffentlichung des Originals in „Story-Teller“, December 1922 / „Hearst’s International Magazine“, New York, October 1922 / Unter dem Titel: „I Saw HIM Crucified“. „Argosy“, May 1927.